Cleuton Sampaio

Data Science para Programadores

Um guia completo utilizando a linguagem Python

Data Science para Programadores – Um Guia Completo Utilizando a Linguagem Python

Copyright© Editora Ciência Moderna Ltda., 2018

Todos os direitos para a língua portuguesa reservados pela EDITORA CIÊNCIA MODERNA LTDA.

De acordo com a Lei 9.610, de 19/2/1998, nenhuma parte deste livro poderá ser reproduzida, transmitida e gravada, por qualquer meio eletrônico, mecânico, por fotocópia e outros, sem a prévia autorização, por escrito, da Editora.

Editor: Paulo André P. Marques
Produção Editorial: Dilene Sandes Pessanha
Capa: Daniel Jara
Diagramação: Daniel Jara
Copidesque: Equipe Ciência Moderna

Várias **Marcas Registradas** aparecem no decorrer deste livro. Mais do que simplesmente listar esses nomes e informar quem possui seus direitos de exploração, ou ainda imprimir os logotipos das mesmas, o editor declara estar utilizando tais nomes apenas para fins editoriais, em benefício exclusivo do dono da Marca Registrada, sem intenção de infringir as regras de sua utilização. Qualquer semelhança em nomes próprios e acontecimentos será mera coincidência.

FICHA CATALOGRÁFICA

MELO JUNIOR, Cleuton Sampaio de.

Data Science para Programadores – Um Guia Completo Utilizando a Linguagem Python

Rio de Janeiro: Editora Ciência Moderna Ltda., 2018.

1. Informática
I — Título

ISBN: 978-85-399-0997-1   CDD 001.642

Editora Ciência Moderna Ltda.
R. Alice Figueiredo, 46 – Riachuelo
Rio de Janeiro, RJ – Brasil   CEP: 20.950-150
Tel: (21) 2201-6662/ Fax: (21) 2201-6896
E-MAIL: LCM@LCM.COM.BR
WWW.LCM.COM.BR

If you're a scientist, and you have to have an answer, even in the absence of data, you're not going to be a good scientist.

Neil de Grasse Tyson, Astrophysicist

(Se você é um cientista, e precisa ter uma resposta, mesmo na ausência de dados, não será um bom cientista.)

Dedico à minha família, minha esposa
e meus filhos: Rafael, Tiago, Lucas e Cecília.

Sumário

CAPÍTULO 1

Introdução 1
   1.2 Data Science é um novo nome para "Estatística"? 1
   1.3 O que você precisa saber 2
   1.4 Para quem é este livro? 3
   1.5 Arquivos e código-fonte 3
   1.6 Então, o que faz um cientista de dados? 4
   1.7 O que seria um modelo preditivo? 4
   1.8 Obtendo os dados 4
   1.9 Explorando os dados 5
   1.10 Preparando os dados 7
   1.11 Modelando os dados 8
   1.12 Testando o modelo 9
   1.13 Avaliando o modelo 10
   1.14 Workflow de **Data Science** ***10***
   1.15 Formular o problema 10
   1.16 Obter os dados 11
   1.17 Explorar os dados 12
   1.18 Modelar os dados 12
   1.19 Comunicar o resultado 12
   1.20 Mas, só isso? 13

CAPÍTULO 2

Mas o que é Data Science? 15
2.1 Data Warehouse 16
   2.2 Business Intelligence 17
   2.3 Bigdata 18
   2.4 Data Mining 18
   2.5 Data Analytics 19
   2.6 Análise Preditiva e Machine Learning 19
   2.7 As perguntas que não querem calar 20

CAPÍTULO 3

Estatística básica para detonar as conversas fiadas 23
   3.1 Tipos de dados 25
      3.1.1 Dados discretos 26
      3.1.2 Dados contínuos 26
      3.1.3 Categorias 27
   Dados ordinais 29
   3.2 Estatística descritiva 31
      3.2.1 População e amostra 31
      3.2.2 Tendência central 32
      3.2.3 Medidas de dispersão 35

CAPÍTULO 4

Analisando distribuições 41
   4.1 Frequências 41
   4.2 Histogramas 43
   Interpretando histogramas 45
   4.3 Distribuição de probabilidades 48
   4.3.1 Probabilidade 48
      4.3.2 Variável aleatória 48
      4.3.3 Distribuição de probabilidades 49
   4.3.4 Valor esperado 50
      4.3.5 Modelos probabilísticos discretos 50
      4.3.6 Distribuição binomial 50
      4.3.7 Distribuição de Poisson 52
   Modelos probabilísticos contínuos 54
   Distribuição uniforme 55
      4.3.4 Curtose e assimetria 60

CAPÍTULO 5

Turbo *Python* 63
   5.1 Ambiente virtual 66
      5.1.2 Instalação do **Python** 66
      5.1.2 Criando um notebook 70

5.2.3 Variáveis e expressões.. 72
5.2.4 Variáveis multivaloradas 73
5.2.5 Expressões numéricas 74

CAPÍTULO 6

Bibliotecas para *Data Science* *83*
6.1 NumPy 83
6.2 SciPy.stats.. 88
6.3 Pandas.. 89
6.1.4 Scikit-learn... 96

CAPÍTULO 7

Técnicas de Data Science aplicadas 101
7.1 O universo de técnicas de Data Science...................................... 102
7.2 Estudo de distribuições 103
7.3 Estudo de correlação 104
7.4 Análise de regressão 104
7.5 Classificação... 105
7.6 Agrupamentos (cluster analysis) 106

CAPÍTULO 8

Inferência estatística... 109
8.1 Estimar uma população com base em uma amostra.................. 109
7.2 Tamanho da amostra e o teorema central do limite.................. 113
7.3 Intervalo de confiança 114
7.4 Margem de erro.. 116
7.5 Estatística T 116
7.6 Inferindo sobre o desvio padrão... 118
7.6 Testes de hipóteses... 120

CAPÍTULO 9

Correlação 135
9.1 Obtendo os dados 135
9.2 Limpando os dados 136

9.3 Tipos de correlação 138
9.4 Coeficiente de correlação 139
9.4 Correlação e causalidade 140
9.5 Correlações não lineares 141

CAPÍTULO 10

Regressão **145**
10.1 Tipos de regressão 146
10.2 Regressão linear simples 146
10.3 Regressão multivariada 149
10.4 Avaliação de modelos de regressão 150
10.4 R quadrado e R quadrado ajustado.. 150
10.5 Teste de significância dos coeficientes 152
10.6 Teste de significância da regressão 152
10.7 Multicolinearidade 153
10.8 Heterocedasticidade 154
10.9 Autocorrelação dos resíduos 155
10.10 Outros testes 156
10.11 Exemplo de regressão multivariada 156
   10.11.1 Um exemplo 157
   10.11.2 Teste VIF 161
   10.11.3 Teste de Heterocedasticidade 162
   10.11.4 Autocorrelação dos resíduos 162
10.12 Machine learning 163
10.13 Decision Trees 163
   10.13.1 Gerando dados.. 164
   10.13.2 Dividindo a amostra 165
   10.13.3 Profundidade e overfitting 166
   10.13.4 Treinando os modelos 167
   10.13.5 Decision tree multivariada 170

CAPÍTULO 11

Classificação **173**
11.1 SVM 173
11.2 Churn prediction 174
   11.1.2 Preparando os dados... 176

11.1.3 Ajustando a escala 178
11.1.4 Kernel e hiperparâmetros 178
11.1.5 Fazendo predições 179
11.1.6 Conclusões do trabalho 181
11.1.7 Sobre classificação 181

CAPÍTULO 12

Agrupamento (clusterização) **183**
12.1 K-means 183
12.2 Exemplos 184
12.3 Exemplo real 187

CAPÍTULO 13

Deep learning **193**
13.1 Técnicas e configuração 193
   13.1.1 Artificial Neural Network 193
   13.1.2 Função de ativação 194
   13.1.3 Camadas 197
   13.1.4 Pesos e bias 198
   13.1.5 Função de erro (ou de perda) 199
   13.1.6 Algoritmos de otimização 200
   13.1.7 Convolutional Neural Network 200
   13.1.8 Recurrent Neural Networks 201
13.2 TensorFlow 202
   13.2.1 Playground 202
   13.2.2 Turbo prime 204
   13.2.3 Variáveis e Placeholders 204
   13.2.4 Nós 205
   13.2.5 Função de perda 205
   13.2.6 Taxa de aprendizado 206
   13.2.7 Otimizador 206
   13.2.8 Epochs e o problema do mínimo local 206
   13.2.9 Onde estão os neurônios? 208
   13.2.10 Usando o Estimator Framework 209
13.3 API Keras 213
   13.3.1 Bibliotecas 214

CAPÍTULO 14

Big Data 217
    14.1 Caso de uso 218
    14.2 Ambiente de Big Data 221
        14.2.1 Hadoop 221
        14.2.1 Spark 223
        14.2.2 Index / Search engines 223
        14.2.3 Acessórios 223
    14.3 Experiências práticas 224
        14.3.1 DCEP de saúde 224
        14.3.2 Análise de sentimentos de Tweets 227
    14.4 Usando o Spark 229
        14.4.1 Dados climáticos 229
        14.4.2 Instalação do Spark 230
        14.4.3 O dataset 233
        14.4.4 Primeiro programa 233
        14.4.5 RDD 236
        14.4.6 Cluster 237
        14.4.7 Algoritmo no Spark 238
        14.4.8 Outras operações 241

CAPÍTULO 1

Introdução

Data Science é a "*hype*" do momento. Todos falam, todos estudam e todos querem trabalhar com isso. Porém, poucos sabem exatamente do que se trata ou o que faz um "Cientista de Dados".

Na verdade, o termo *Data Science* ou "Ciência de Dados" abriga um vasto conjunto de teorias, técnicas e métodos preexistentes, ou seja, tirando as técnicas avançadas de *Deep Learning* e *Bigdata* nada é exatamente novo.

Quem teve oportunidade de cursar um Mestrado ou um Doutorado, certamente já fez pelo menos um trabalho de *Data Science*, pois, na maioria destes cursos, é necessário escrever uma Dissertação cuja comprovação pode exigir alguns estudos estatísticos.

As empresas usam *Data Science* há muito tempo. Quando estudam os dados de vendas e faturamento para encontrar maneiras de melhorar seu desempenho.

Os institutos de pesquisa sempre usaram *Data Science* para tirarem conclusões a respeito de seus levantamentos.

1.2 Data Science é um novo nome para "Estatística"?

Sim e não, dependendo do seu ponto de vista. Se está observando as técnicas para correlacionar fenômenos e criar modelos preditivos, pode ser que sim, mas, se estiver processando 1 Trilhão de registros em um ambiente de *Bigdata*, então certamente não é a mesma coisa.

Mas podemos dizer que "Estatística" está contida no conjunto de conhecimentos que forma esta "*hype*". Certa vez li que *Data Science* é "o casamento de Estatística com Ciência da Computação". Achei essa definição interessante, embora um pouco restritiva. Podemos acrescentar outras ciências, como: Administração, Contabilidade, Marketing e até Psicologia, na área do estudo comportamental, por exemplo.

Ficou confundido? Bem essa era a intenção. É confuso mesmo! É por isso que eu não acredito nessa história de "*Data Scientist*" ou "Cientista de Dados". Não é possível que alguém domine tantas ciências e técnicas assim. Acredito que *Data Science* seja uma área de conhecimento cooperativo, na qual os profissionais de diferentes formações cooperam para atingir um resultado.

1.3 O que você precisa saber

Eu não tenho a pretensão de lhe transformar em "Cientista de Dados" com este livro. Nem de longe! Mas resumi alguns conhecimentos importantes para que você compreenda e possa trabalhar em alguma parte do vasto universo da *Data Science*. E veremos isto em um ambiente amigável, com ferramentas fáceis, como a linguagem de programação *Python*.

Veremos alguns conceitos de estatística (que você certamente deve ter visto na sua Faculdade), também veremos o processo de tratamento, descoberta e predição de dados. Pretendo mostrar a você as principais ferramentas para lidar com os problemas deste tipo de trabalho, utilizando a linguagem *Python*.

Ah, você não é programador? Bem, a rigor não precisa ser. Mas conhecer um pouco de lógica de programação lhe ajudará bastante, pois este livro é muito calcado em programação.

Eu não sou estatístico, e meu conhecimento vem da academia (Mestrado) e da experiência prática com problemas de *Data Science*, especialmente *Bigdata*. O que quero dizer é que estatística é um campo bem vasto e não pretendo criar um compêndio sobre o assunto, até porque não tenho tal competência. Então, não se preocupe, pois o básico de estatística que você precisa aprender estará neste livro.

Pense neste trabalho como um **guia** prático, e não uma obra de referência. Ele é uma introdução à ciência de **dados** ou *Data Science*, utilizando a linguagem *Python*.

1.4 Para quem é este livro?

Sendo bem franco, escrevi esse livro tendo como público-alvo os **programadores**, ou profissionais de TI, porém, estudantes, professores e profissionais em geral (com conhecimento quantitativo) podem se beneficiar de um guia fácil e prático como este, desde que, como já salientei, conheçam um pouco sobre programação. Pode até ser em planilhas eletrônicas. A programação em si não é tão pesada, assim como a estatística.

Mas não se engane: Só o conhecimento técnico é insuficiente para que você faça um bom trabalho de *Data Science*. Sua postura de pesquisador será muito importante. O trabalho para tirar conhecimento dos dados é árduo e tem carácter investigativo. Você precisa ter curiosidade e poder de observação para obter "*insights*" importantes. E isto afeta tudo: Desde a obtenção dos dados até a geração de novas informações.

1.5 Arquivos e código-fonte

Os arquivos de configuração e código-fonte de exemplo deste livro ficam no Github, no endereço: https://github.com/cleuton/datascience.

Clone o repositório ou baixe um ZIP. Se você não conhece o Github ou não sabe usar direito, os passos são simples:

1. Em seu navegador, abra a URL (o nome do site) acima;

2. Na página inicial, haverá um botão, em cima, à direita (de fundo colorido), com o rótulo: "Clone or download". Clique sobre ele e aparecerá um pequeno diálogo;

3. Neste diálogo, clique no link "Download ZIP".

Há uma pasta "book", contendo os exemplos e datasets, e uma pasta específica com os datasets. Todos os materiais acessórios, como código-fonte e datasets estão liberados sob licença Apache 2.0, ou seja, você pode usar e compartilhar (desde que faça a devida referência).

1.6 Então, o que faz um cientista de dados?

Para este exemplo, há uma planilha LibreOffice no repositório chamada "modpreditivo.ods" (dentro da pasta "book/capt1").

Para mim, não existe essa profissão "Cientista de Dados". O que existe são pessoas que realizam trabalhos de mineração e análise de dados, com o objetivo de entender algum fenômeno e criar um modelo preditivo.

1.7 O que seria um modelo preditivo?

É uma fórmula ou algoritmo que, fornecidas algumas características, é capaz de gerar uma saída relacionada com elas, com base em fenômenos passados. Por exemplo, podemos criar um modelo preditivo para os pesos dos alunos de uma turma, com relação às suas alturas.

1.8 Obtendo os dados

Vamos supor que temos um grupo de crianças, nascidas no mesmo bairro e na mesma cidade, com os seguintes pesos e alturas:

Pesos	Alturas
58	1,58
78	1,8
70	1,7
80	1,8
77	1,76
74	1,73
61	1,63
65	1,65
55	1,56
76	1,79
54	1,56

53	1,51
69	1,69
67	1,67
72	1,74
58	1,6
53	1,52
55	1,57
57	1,57
66	1,67
65	1,64
50	1,5
63	1,64
58	1,56
55	1,56
63	1,62
73	1,71
80	1,83
76	1,76
40	1,75
130	1,6

Podemos estabelecer uma relação entre peso e altura? E podemos usar essa relação para prever os pesos das outras crianças da mesma região, conhecidas as suas alturas?

1.9 Explorando os dados

A amostra é pequena, logo, bastaria um exame visual para detectar anomalias. Porém, vamos agir como faríamos com amostras grandes. A primeira coisa a fazer é tentar "ver" esses dados.

Se tentarmos plotar um gráfico dessa amostra, veremos que há uma relação entre a altura e o peso das crianças:

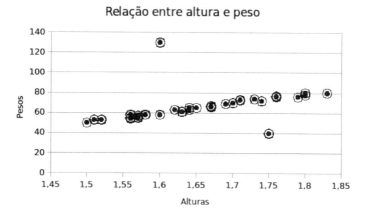

Figura 1: Gráfico

A princípio, os pesos e alturas parecem estar relacionados em uma reta, logo, é um problema que caberia perfeitamente em uma solução de **Regressão Linear**. Podemos notar que há alguns pontos muito fora da tendência normal da reta: Um acima dela e outro abaixo. Vamos ver se descobrimos o motivo.

	Pesos	**Alturas**
Média	66,16	1,65
Erro padrão	2,79	0,02
Modo	55	1,56
Mediana	65	1,64
Primeiro quartil	56	1,57
Terceiro quartil	73,5	1,74
Variância	240,74	0,01
Desvio padrão	15,52	0,09
Curtose	8,92	-1,09
Inclinação	2,25	0,19
Intervalo	90	0,33
Mínimo	40	1,5
Máximo	130	1,83
Soma	2051	51,27
Contagem	31	31

Temos um desvio padrão bastante alto nos pesos, cerca de 15,6 kg e também temos uma curtose muito alta, o que pode indicar presença de *outliers*, ou pontos com grandes desvios. Para ficar ainda mais visual, podemos plotar um histograma dos pesos:

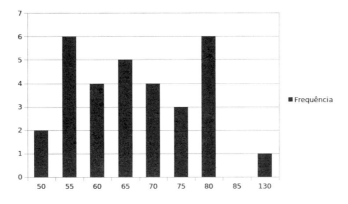

Figura 2: Histograma dos pesos

1.10 Preparando os dados

Temos um histograma multimodal, com muitos valores fora da classe da média. Isso demonstra que há valores fora da tendência normal.

Vamos estabelecer um limite de 3 desvios padrões, que seria entre 50,64 kg e 81,68 kg, e vamos listar os valores que estão fora deste intervalo:

- Peso: 50 kg, altura: 1,50 m;
- Peso: 40 kg, altura: 1,75 m;
- Peso: 130 kg, altura: 1,6 m.

É possível uma pessoa de 1,50 m pesar 50 kg, mas os outros dois pesos parecem ser valores "espúrios", ou "outliers", pois se uma pessoa pesar 40 kg com 1,75 m e outra com 130 kg e 1,60 m, parecem ser anomalias. O que podemos fazer?

- Substituir os pesos dessas duas pessoas pela média dos pesos;
- Retirar essas duas pessoas da amostra.

Vamos optar por retirar essas duas pessoas da amostra e plotar novamente o gráfico das alturas x pesos:

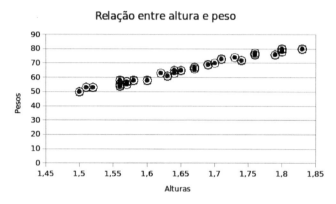

Figura 3: Dados limpos

1.11 Modelando os dados

Agora vemos que as alturas e pesos seguem uma linha, sem valores muito fora dela. Podemos, então, calcular a fórmula usando a Regressão Linear.

A fórmula de uma reta é: y = ax + b, onde:

- "y": Peso estimado;
- "a": Inclinação da reta (slope);
- "x": Altura informada;
- "b": Coeficiente linear (intercept).

Precisamos chegar aos valores de "a" e "b", o que pode ser feito por uma heurística de aproximação (Aprendizado de máquina), ou por uma solução de forma fechada, calculando estes parâmetros com duas fórmulas:

$$a = \frac{\sum_{i=0}^{n}(x_i - \overline{x}) \times \sum_{i=0}^{n}(y_i - \overline{y})}{\sum_{i=0}^{n}(x_i - \overline{x})^2}$$

$$b = \overline{y} - a \times \overline{x}$$

Aplicando nossas fórmulas, obtemos a equação da reta preditiva:
Peso estimado ≈ 95,8 × altura − 93,5

(Você pode conferir isto na planilha de exemplo)

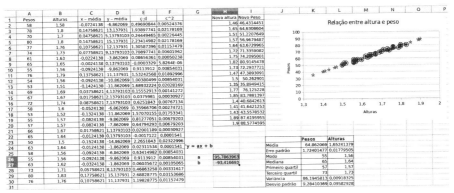

Figura 4: Planilha de exemplo com os valores de "a" e "b"

1.12 Testando o modelo

Podemos jogar mais alguns valores de teste e plotar o novo gráfico:

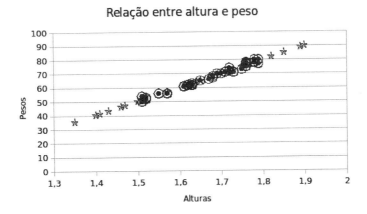

Figura 5: Regressão

As estrelas são os novos valores, previstos usando o modelo, e os círculos são os valores que já tínhamos na amostra.

1.13 Avaliando o modelo

Podemos ver que eles estão na mesma reta imaginária dos outros pesos. Para saber exatamente o quanto nosso modelo é capaz de prever os pesos, podemos calcular a métrica R2 (r quadrado), que é o coeficiente de determinação de nosso modelo:

Soma dos Quadrados Explicada (SQE): O quanto nosso modelo está explicando a relação

$$SQE = \sum_{i=1}^{n}(\hat{y}_i - \overline{y})^2$$

Soma dos Quadrados dos Resíduos (SQR): O que nosso modelo não explica da relação

$$SQR = \sum_{i=1}^{n}(y - \hat{y})^2$$

Finalmente, o R quadrado é calculado assim:

$$R^2 = 1 - \frac{SQR}{SQT}$$

No nosso caso, o valor do R quadrado é 0,98, o que significa que 98% da variável dependente (Pesos) consegue ser explicada pelo modelo.

1.14 Workflow de *Data Science*

O trabalho de *Data Science* geralmente segue um workflow parecido com o que fizemos no exemplo das alturas x pesos. Naquele modelo simples, eu utilizei apenas a planilha LibreOffice Calc, nada mais. Nem sempre precisamos de ferramentas sofisticadas para realizar um bom trabalho de análise de dados e análise preditiva.

1.15 Formular o problema

Tudo começa com a formulação correta do problema em questão. E, pode acreditar, esta é uma das etapas mais difíceis, pois, se formularmos mal o problema, erraremos o resto do trabalho. Tudo pode começar com uma pergunta simples. No exemplo anterior, a pergunta foi:

"Qual é a relação entre a altura e o peso destas crianças?"

Ok. Parece uma pergunta meio sem sentido, mas, se aplicarmos a um contexto socioeconômico, pode fazer muito sentido. Por exemplo, considere as crianças de áreas carentes, onde há exemplos de desnutrição.

Outros problemas típicos podem ser:

"Quantos tipos diferentes de clientes eu tenho?"

Interessante essa pergunta... A princípio, você pode pensar em algo como: "Homens" ou "Mulheres", mas podem existir "tipos" de clientes "embutidos" nos seus dados, para os quais uma promoção direcionada poderia dar bons resultados.

É possível utilizar um mecanismo para encontrar padrões ou agrupamentos entre os hábitos de compras dos seus clientes, os quais você jamais supôs existirem. Esse é um problema de classificação sem supervisão, muito interessante de ser feito.

"Quais fatores mais influenciam o sucesso de um estudante?"

Está aí um problema bem interessante. Seria a condição socioeconômica? Seria o interesse por leitura? Seria o local onde mora? Como medimos o sucesso? Seria ele passar para uma boa faculdade?

"Como eu posso recomendar, de maneira eficiente, produtos para meus clientes?"

Sistemas de recomendação baseados em modelos preditivos são muito interessantes, e praticamente todas as grandes empresas investem muito nisso.

1.16 Obter os dados

Quais são as variáveis do problema? O que eu estou querendo atingir? Quais dados eu devo reunir? Há questões de privacidade envolvidas? Todas essas (e outras) questões devem ser resolvidas para obtermos um conjunto útil de dados, que podem vir de fontes diferentes.

Esta etapa envolve obter os datasets, formatar os dados, combiná-los, determinar as variáveis e os rótulos (aquilo que desejamos estudar).

1.17 Explorar os dados

Precisamos analisar os dados, buscando por anomalias e também por padrões interessantes. Para isso, usamos vários instrumentos de estatística e ferramentas diferentes. Notou que fizemos isso no exemplo das crianças? Nós visualizamos os dados, calculamos métricas estatísticas e concluímos que eles seguiam um padrão de reta.

Nesta etapa também preparamos os dados, tratando valores espúrios e resolvendo problemas de escala. Às vezes, as grandezas são tão diferentes, que precisamos colocar as variáveis em uma mesma escala, de modo a melhorar nosso modelo.

1.18 Modelar os dados

Significa pensar em um tipo de modelo, verificar se os dados "cabem" nele ("fit the model"), validar o modelo, para saber se realmente é eficaz.

Geralmente, dividimos os nossos dados entre "treinamento", utilizados para montar o modelo, e "teste", utilizados para validar o modelo. Desta forma, criamos um modelo sem viés, pois usar os mesmos dados para criar o modelo e validá-lo, pode criar um modelo viciado.

1.19 Comunicar o resultado

Conseguimos aprender alguma coisa? Podemos concluir alguma coisa? Então, esse é o momento de criar o documento, para contar a história de como atingimos esse resultado. O pessoal da "moda" gosta de chamar isso de "Story telling".

1.20 Mas, só isso?

Onde usamos o Python? E o Hadoop? E o Spark? E o TensorFlow? Cadê o Machine Learning?

Como eu mencionei anteriormente, é possível fazer um excelente trabalho de data science com ferramentas simples, como uma planilha eletrônica. O que importa é o modelo ser coerente e com boa avaliação.

Mas podemos usar várias ferramentas diferentes, dependendo da necessidade e do tamanho dos dados. Por exemplo, a quantidade é enorme (Terabytes?) então precisamos usar algo que possa processar tudo isso, como um Cluster em nuvem (Amazon AWS, Google Cloud, Azure, IBM Bluemix, Intel Nervana etc).

Softwares como Hadoop ou Spark podem processar grandes volumes de dados utilizando vários computadores (arquitetura distribuída).

Agora, se precisarmos maior flexibilidade, seja para preparar os dados ou para fazer vários tipos de análise, um software de Story Telling, como o Jupyter, usando Python ou R, pode ser muito útil. E, se precisarmos fazer algo como "Deep Learning", um mecanismo de rede neural, como o TensorFlow, pode ser usado.

CAPÍTULO 2

Mas o que é Data Science?

Ok. Sei que a maioria dos textos tenta explicar Data Science e acaba "derrapando"... Na verdade, poucas pessoas sabem conceituá-la com precisão, mas existem duas definições que eu gosto muito:

- *"Data Science is a "concept to unify statistics, data analysis and their related methods" in order to "understand and analyze actual phenomena" with data. It employs techniques and theories drawn from many fields within the broad areas of mathematics, statistics, information science, and computer science, in particular from the subdomains of machine learning, classification, cluster analysis, data mining, databases, and visualization."* - Wikipedia

(Ciência de Dados é um conceito para unificar estatística, análise de dados e seus métodos relacionados, de modo a entender e analisar fenômenos reais com dados. Ela emprega técnicas e teorias retiradas de vários campos do conhecimento, dentro das grandes áreas da matemática, estatística, ciência da informação e ciência da computação, em particular dos subdomínios de aprendizado de máquina, classificação, análise de agrupamentos, mineração de dados, bancos de dados e visualização) – Traduzido pelo autor.

- Data Science é o casamento entre estatística e ciência da computação.

Escolha a sua definição, pois todas parecem apropriadas.

Eu sou um cara muito visual e prefiro infográficos, como este da ilustração 1.

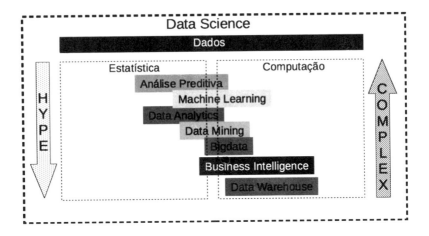

Figura 6: Data Science

Vamos interpretar esse infográfico em duas dimensões: Vertical ("hype" / "complexidade") e horizontal (Domínio: estatística ou computação). Quanto mais no alto a técnica, mais na "hype" (ou na "vibe") atual ela está, ou seja, mais na "moda". Quanto mais à esquerda, mais pertence ao domínio da estatística, e, quanto mais à direita, mais pertence ao domínio da computação. A complexidade é contrária à "hype".

Todas essas técnicas e subdomínios listados fazem parte do grande conjunto denominado Data Science ou Ciência de dados.

Mas veremos uma por uma, de modo a entender o que são e como se relacionam.

2.1 Data Warehouse

É um agrupamento de dados preparados para consultas e outras análises estatísticas, mantidos em um meio e um formato que privilegia esse tipo de consulta.

Os dados dos sistemas aplicativos de uma empresa são mantidos em formato e meio apropriados para realizar transações. Dizemos que estão em um formato "transacional" e são processados por sistemas de OLTP – Online transaction processing. Geralmente, os dados transacionais são difíceis de manipular para realizar algumas operações estatísticas, como Pivotagem (transposição) e

Detalhamento ("drill down").

- Pivotagem: Transposição de linhas em colunas e vice-versa;
- Detalhamento (drill-down): Aumentar o nível de detalhe de uma grandeza;
- Sumarização (Roll-up): Sumarizar por grandezas.

Para facilitar estas operações de BI – Business Intelligence, geralmente criam-se bancos especiais, utilizando técnicas de Modelagem Dimensional, para onde os dados são extraídos, utilizando-se uma técnica conhecida como: ETL – Extract, Transform, Load.

Os dados em um Data Warehouse são "fotos" (Snapshots) de momentos passados no tempo e ficam disponíveis para que sejam realizadas consultas e operações estatísticas com eles, utilizando-se consultas OLAP – Online Analytical Processing.

Os softwares de BI – Business Intelligence, como o **Pentaho** (http://pentaho.com) trabalham com os Data Warehouses para realização destas consultas.

2.2 Business Intelligence

Bem, se você tem um Data Warehouse é porque deseja analisar o desempenho de um negócio certo? Aí é que entra o BI.

As empresas utilizam ferramentas de BI e Data Warehouses, para entender seu desempenho, detectar problemas e descobrir maneiras de melhorá-lo. Geralmente, utilizam softwares específicos de OLAP – Online Analytical Processing para trabalhar seus Data Warehouses e realizar consultas, gerando relatórios.

Todo o processo é feito a posteriori, ou seja, depois que os fatos (as transações) foram realizados. Embora utilizem técnicas estatísticas, os processos de BI são mais ligados à área da computação, sendo implementados por profissionais oriundos desta área.

2.3 Bigdata

Há uma tendência das pessoas confundirem "Bigdata" com Data Warehouse ou BI. Na verdade, são bem diferentes.

No caso do Bigdata, utilizam-se algoritmos e ferramentas capazes de processar imensos volumes de dados, em tempo real (ou próximo dele), de modo a extrair informações e conhecimento "on the fly".

O Bigdata acrescenta ao BI as características:

- Volume: Trata-se de volumes imensos de dados e voláteis;

- Velocidade: São dados "vivos" coletados bem próximos do momento em que acontecem;

- Variedade: Os dados não estão necessariamente preparados e podem ser obtidos de fontes completamente diferentes. Podem ser dados estruturados (em tabelas, por exemplo), não estruturados (texto livre ou imagens) e uma mistura de ambos.

Algoritmos como o **MapReduce** (https://en.wikipedia.org/wiki/MapReduce) funcionam de maneira distribuída, permitindo processar imensos volumes de dados com bastante velocidade, inclusive em ambiente de nuvem.

As principais ferramentas de Bigdata são: Apache Hadoop, Apache Spark e suas ferramentas satélites (Apache Hive, Hue etc).

2.4 Data Mining

Mineração de Dados ou Data Mining serve para descobrirmos padrões em grandes conjuntos de dados, gerando conhecimento de alto valor competitivo. Enquanto no BI trabalhamos com domínios e informações conhecidas, no Data Mining estamos "entrando na mata com facão", observando e analisado os dados sem necessariamente ter conhecimento prévio de todas as associações e relações.

É uma técnica que pode ser utilizada em BI ou em Bigdata, tendo voltado ao "hype" com toda essa onda de Data Science. Um grande valor, que pode justificar o investimento, é justamente a descoberta de novos conhecimentos a partir de dados coletados.

2.5 Data Analytics

Tem muito a ver com Data Mining, no sentido em que serve para descobrir padrões e correlações, mas é um pouco mais abrangente. Visa estudar os dados (com olhar estatístico) para descobrir suas características e criar modelos explicativos e preditivos.

Enquanto o Data Mining e o BI são mais calcados em computação, o Analytics é mais ligado a estatística em si, procurando explicar os fenômenos encontrados sob este ponto de vista.

2.6 Análise Preditiva e Machine Learning

Essas duas técnicas são "irmãs", oriundas de áreas diferentes. A Análise Preditiva sempre existiu no campo da estatística, e é voltada para criar modelos preditivos de fenômenos, com base em sua distribuição de probabilidades.

Podemos criar modelos baseados em "closed-form" (https://en.wikipedia.org/wiki/Closed-form_expression) nos quais temos uma fórmula que nós dá a solução ótima, ou pode ser na base de heurísticas para descobrir parâmetros que ajustam o modelo, até descobrirmos o melhor ajuste possível, utilizando uma "função de custo". Isto se chama de "Aprendizado de Máquina".

Nem sempre Machine Learning quer dizer "Cérebro Eletrônico". Pode ser algo simples como executar heurísticas até encontrar uma combinação de parâmetros ótima, ou pode ser algo "chique" como treinar uma rede neural. Machine Learning tem sua vertente "Deep Learning" que é baseada em técnicas de redes neurais.

2.7 As perguntas que não querem calar

Certamente, você deve ter lido ou ouvido várias perguntas sobre *Data Science*. Talvez, até você mesmo as tenha feito. Bem, vamos tentar responder algumas delas antes de prosseguirmos. Até porque elas podem atrapalhar o aprendizado.

Existe uma profissão "Cientista de Dados"?

Não. Não existe. Se compararmos um Estatístico com um Cientista de dados, certamente veremos que há muitas diferenças. Existem, é claro, ofertas de emprego que mencionam diretamente o cargo de "Cientista de dados".

O que eu devo aprender para ser um "Cientista de dados"?

Como vimos no início deste capítulo, a quantidade de técnicas é muito diversa e será muito difícil alguém dominar tudo. Se você é mais ligado à estatística, então pode se especializar em Data Analytics, Análise Preditiva ou até em parte de Machine Learning. Agora, se você é mais chegado à computação, pode se especializar em Bigdata, Deep Learning ou BI, por exemplo.

Mas o ferramental seria muito próximo: Estatística, Classificação, Regressão, modelos preditivos, linguagem R ou Python etc.

Dá para ganhar dinheiro com isso?

É uma "hype", ou seja, há um "burburinho" muito forte no momento. É claro que isso tende a diminuir, porém, com a alta competitividade dos mercados, cada vez mais as empresas precisarão de pessoas que trabalhem com Data Science.

Atualmente é possível arrumar bons empregos, especialmente nos EUA e Europa, com salários bem atrativos. No Brasil, por enquanto, ainda é algo difícil. Talvez por conta da "crise" que atravessamos agora (2017), ou talvez porque nossa cultura não valorize muito o investimento em conhecimento. Porém, tenho ouvido falar muito em oportunidades para quem conheça algo sobre *Data Science*, mesmo que seja apenas *Bigdata*.

Dá para trabalhar com isso sem uma formação sólida em matemática ou estatística?

Já ouvi pessoas de várias formações me perguntando isso. Na verdade, o mais importante é o espírito investigativo, ou seja, o gosto pela pesquisa. É claro que os instrumentos básicos de matemática, estatística e computação (programação) farão falta, mas você sempre poderá complementá-los.

Por que Python? Não dá para ser em Java?

Claro. Algumas coisas podem ser feitas em Java, mas não tudo. As melhores opções para trabalhar com Data Science são: Python e R. Bem, R é uma linguagem muito específica, com menor divulgação e suporte, mas é excelente para isto. Python é muito mais versátil e tem uma comunidade muito maior, logo, pode ser uma opção mais interessante para trabalhar com Data Science.

Eu diria que Python ou R são excelentes escolhas. Já em outras linguagens, como Java ou C++, você pode ter dificuldades em encontrar bibliotecas e ferramentas necessárias.

Mas lembre-se: Um bom trabalho de Data Science pode ser feito até com planilhas eletrônicas. O que importa é a coerência e a avaliação do Modelo.

CAPÍTULO 3
Estatística básica para detonar as conversas fiadas

Já reparou como tem "bicão"? Quase todo mundo pensa que entende de tudo, não? A TV, os jornais, e até mesmo os seus amigos. Sempre tem alguém que diz: "A maioria dos Clientes prefere isso" ou "As duas coisas têm muita relação", ou mesmo "Sempre que acontece isso, acontecerá aquilo". Podem parecer inocentes, mas estas afirmações são, na verdade, falácias...

Falácia da generalização precipitada:
"A maioria das pessoas preferem o fundo cinza. Eu pesquisei com 50 usuários";
(Generalização a partir de amostra insuficiente)

Falácia da falsa analogia:
*"Como os clientes que compraram **isso** e os que compraram **aquilo** gostam de "Rock and roll" e moram em São Paulo, devem também ter um padrão aquisitivo semelhante";*

(Como dois grupos de amostras possuem algumas características semelhantes, assume-se que outras características, não mensuradas, também serão semelhantes, por analogia).

Falácia da omissão de dados:
"Entre os candidatos à Presidência, a maioria escolheu o candidato X, em vez do Y";
(Porém, na lista só havia esses dois nomes, e isso foi omitido).

Falácias causais:
São as mais comuns entre os metidos a cientistas. Consideram correlação de dois eventos como relação de causa e efeito.
"O alto nível de desemprego atual é provocado pelo baixo consumo";
(Na verdade, pode haver um terceiro evento provocando os dois, como a elevada taxa de juros da economia).

Com análises simples podemos desmontar argumentos falaciosos e restaurar a verdade, evitando problemas e situações embaraçosas. Um candidato a Cientista de dados deve manter a mente aberta evitando se iludir com aparências.

Darei um exemplo da minha própria experiência. Há algum tempo, eu trabalhava como Analista de Suporte e prestava serviços para um grande banco. Este banco possuía um parque de servidores web, e, volta e meia, havia problemas de desempenho. Resolveram, então, fazer uma análise "estatística" para saber se os servidores estavam no limite de sua capacidade. Mediram o percentual de uso da CPU a cada minuto, e calcularam a média. Como a média diária ficava abaixo de 50%, concluíram que os servidores estavam, na verdade, sendo utilizados abaixo da sua capacidade total, e que o problema deveria ser na rede.

Eu teimava que a carga estaria muito alta e que isto causaria instabilidade no processamento das requisições. Bem, só para dar uma ideia, eis a média de uma amostra com 100 observações:

49.65298147291864

Está bom, não? Média abaixo de 50% de uso significa que está sobrando CPU, certo? Uma rápida olhada em outra métrica estatística pode mudar essa visão... Vejamos o desvio padrão:

30.563638977777632

Caramba! O desvio padrão é quase do tamanho da média! Uma rápida olhada no histograma mostra essa dispersão:

CAPÍTULO 3 Estatística básica para detonar as conversas fiadas • **25**

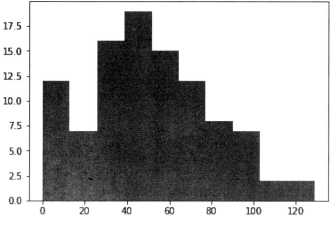

Figura 7: histograma

As medidas deveriam estar agrupadas em torno da média, se a distribuição fosse normal. Da maneira em que está o gráfico, vemos um fenômeno conhecido como "skew", ou seja, a imagem apresenta mais valores de um lado do que de outro, e há certas faixas com muitos valores.

Essa grande dispersão de valores de CPU pode indicar que várias requisições estão resultando em erro, talvez por falta de capacidade ou contenção de recursos.

Somente tendo uma noção de estatística básica é que conseguimos evitar estes tipos de falácias e erros.

3.1 Tipos de dados

Antes de entrarmos em estudos estatísticos é necessário conceituarmos e classificarmos os tipos de dados (o domínio) das variáveis que trabalharemos:

- Discreto: Domínio dos inteiros (Z);
- Contínuo: Domínio dos números reais (R);
- Categoria: Não possui significado matemático, mas classifica os dados;
- Ordinal: É um tipo de categoria, que implica ordenação.

3.1.1 Dados discretos

Representa a quantidade de um evento ou alguma característica da população. Por exemplo, quantos filhos uma pessoa tem, ou quantos itens foram comprados pelos clientes, ou mesmo quantas cartas eu tirei do baralho. Exemplo:

[14, 34, 25, 54, 80, 32, 65, 94, 67, 75, 56, 42, 56, 37, 5, 34, 47,
 33, 58, 94, 53, 54, 81, 70, 8, 84, 30, 14, 80, 64, 86, 96, 70, 54,
 45, 91, 39, 63, 27, 74, 5, 83, 83, 40, 89, 6, 43, 27, 93, 43]

O que estes números significam? Poderiam ser a quantidade de livros comprados pelos clientes. Com estes números discretos, podemos efetuar operações como: média, máximo e mínimo.

Média 53.94
Máximo 96
Mínimo 5

E faz sentido somarmos os números, por exemplo, supondo que os primeiros 6 números sejam os itens comprados em Janeiro, podemos calcular sua soma: 239 livros. Podemos até contar e dividir os dados pelos valores, por exemplo, quantos compraram 5 livros?

3.1.2 Dados contínuos

Estes representam uma quantia com infinitas possibilidades, por exemplo, qual a temperatura média diária, quantos gramas de salame foram consumidos, qual é o gasto médio de cada pessoa com alimentação etc.

[0.94115316, 0.13903804, 0.24613965, 0.57527868, 0.44133781,
  0.80407116, 0.4188517 , 0.33656084, 0.14061478, 0.52335286,
  0.22186892, 0.52721651, 0.74862607, 0.66498393, 0.80124513,
  0.24585998, 0.45772735, 0.95127316, 0.58105583, 0.64457272,
  0.89791109, 0.91778291, 0.18086884, 0.93145672, 0.63828572,
  0.75804647, 0.13599553, 0.52648257, 0.21969373, 0.591247 ,
  0.61327027, 0.83136645, 0.13151607, 0.24389139, 0.01109753,

0.68103893, 0.77043352, 0.05451204, 0.15486932, 0.93015816, 0.41917482, 0.66817202, 0.22277385, 0.88025056, 0.68101495, 0.02612094, 0.10535769, 0.27154866, 0.37125048, 0.87795568]

Também podemos calcular algumas métricas:

Média 0.503087443408
Máximo 0.951273157284
Mínimo 0.0110975298472

Agora, fica muito difícil tentarmos contar esses valores... Por exemplo, quantas ocorrências têm o valor 0.22277385? Neste caso, podemos dividir a massa em faixas de valores, por exemplo, de 0,20 até 0,30 e por aí vai.

3.1.3 Categorias

Categorias são informações qualitativas e podem ser binárias ou não. Como exemplos, temos: Sexo (binária), Tem filhos (binária), Nacionalidade (múltipla) etc.

É possível associar as categorias com identificadores numéricos, para facilitar as operações com os dados, porém estes valores não possuem nenhum significado matemático.

	Id Cliente	Id Produto	tipo	Quantid.	Perecível
0	1213	50	cereal	10	s
1	4351	13	fruta	50	s
2	3243	1	prato	12	n
3	6543	23	talher	5	n
4	1211	50	cereal	8	s
5	5678	8	detergente	18	n
6	9831	8	detergente	8	n
7	1342	7	desinfetante	2	n
8	4322	1	prato	43	n
9	6533	13	fruta	25	s
10	1122	22	panela	12	n

	Id Cliente	Id Produto	tipo	Quantid.	Perecível
11	3231	23	talher	5	n
12	6354	23	talher	3	n
13	7654	22	panela	2	n

Como podemos ver, temos alguns atributos neste "*dataset*" (aliás, usaremos o termo "dataset" para determinar conjuntos de dados a serem analisados):

- 'Id Cliente': Apesar de parecer ser um campo numérico, deve ser desconsiderado em qualquer análise. Ele é um rótulo de cada linha, ou seja, um dado qualitativo que não interessa tratar estatisticamente. Por exemplo, a média desse campo serve para o quê? Para nada. Identificadores de linhas são tratados dessa maneira;

- 'Id Produto': Seria um atributo de **categoria**, representando o tipo de produto adquirido, com múltiplos valores (o domínio é a quantidade de tipos de produtos diferentes existentes);

- 'tipo': Claramente um campo de **categoria**, com múltiplos valores (7 valores possíveis);

- 'Quantidade': Um campo discreto, embora pudesse ser contínuo (por exemplo, se a unidade fosse em gramas ou litros);

- 'Perecível': Um campo de **categoria** binário (2 valores possíveis).

Podemos agrupar os dados por categorias:

```
cereal        2
desinfetante  1
detergente    2
fruta         2
panela        2
prato         2
talher        3
```

Perecível
n   10
s   4

Podemos plotar histogramas baseados em categorias:

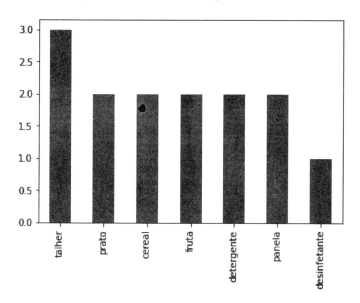

Figura 8: Histograma de tipo de produto

Dados ordinais

É um dado categórico que pode ser ordenado de maneira significativa, ao contrário dos dados categóricos normais. O melhor exemplo é o "rank" ou avaliação de um produto pelos usuários.

	Id Cliente	Num Pedido	Id Produto	Avaliação
0	123	1234	11	5
1	456	2345	11	3
2	789	3456	45	4
3	101	6543	43	4
4	103	7654	56	5

	Id Cliente	Num Pedido	Id Produto	Avaliação
5	203	8765	76	2
6	432	4321	56	2
7	531	9876	7	2
8	987	7373	45	2
9	110	2828	87	3
10	115	4949	7	3
11	621	7656	11	4

Imagine que este dataset seja a lista de pedidos do mês, com a avaliação que os clientes fizeram (de 1 a 5, sendo 5 a melhor).

O atributo "avaliação" é do tipo ordinal, pois é possível classificar os dados por este campo e até a média faz sentido, por exemplo, produtos com maior avaliação média:

Id Produto
43   4.0
11   4.0
56   3.5
87   3.0
45   3.0
7   2.5
76   2.0

Ou na forma de gráfico:

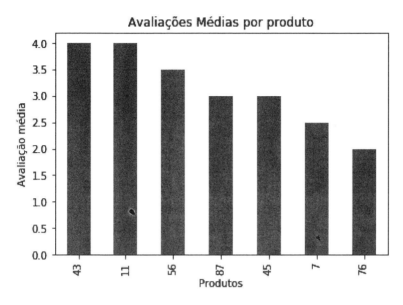

Figura 9: Avaliações médias

Esta é a principal diferença entre categoria e ordinal, ou seja, algumas análises com os ordinais fazem sentido.

3.2 Estatística descritiva

Estatística descritiva serve para analisar e sumarizar um dataset, e é, geralmente, a primeira coisa que fazemos quando recebemos um novo trabalho.

3.2.1 População e amostra

Em estatística, "**população**" é o conjunto dos dados que desejamos analisar. Por exemplo, se queremos analisar o desempenho escolar dos alunos brasileiros do ensino fundamental, então a população será o conjunto de TODOS os alunos brasileiros do ensino fundamental.

A população pode ser muito grande, logo, faz sentido extrair subconjuntos de dados, desde que sejam representativos, para podermos analisar. Isto se chama "**amostra**".

Existem técnicas de amostragem ("sampling") que formam subconjuntos representativos de uma população. Estas técnicas são utilizadas para evitar o "**viés**" (em inglês: "bias"), que é uma tendência indesejável nos dados coletados.

Viés também é conhecido como erro sistemático em uma ou mais características de uma amostra, representando uma distorção entre o valor da característica e o valor real. Vieses podem ser introduzidos por erros no cálculo ou por contaminação da amostra.

Voltando às técnicas de amostragem, temos:

- Amostragem aleatória: Utilizamos uma função para selecionar elementos aleatórios da População, de modo a evitar a introdução de viés;

- Amostragem sistemática: Pegamos elementos em intervalos selecionados, por exemplo, a cada 10 elementos pegamos 1;

- Amostragem estratificada: Dividimos a população em estratos (ou camadas) e retiramos alguns dados de cada estrato para formar a amostra. É importante manter a representatividade da população.

3.2.2 Tendência central

As medidas de tendência central são: média, mediana e moda. Eu sei que você sabe o que é média, mas existem alguns detalhes que talvez desconheça.

Média (ou média da população)

$$\mu = \frac{1}{N} \sum_{i=1}^{N} X_i$$

Conhecemos a média (em inglês: "*mean*" ou "*average*") da população pela letra grega "mi" e a quantidade de elementos da população pela letra "N" (maiúscula).

Média da amostra

$$\bar{x} = \frac{1}{n}\sum_{i=1}^{n} X_i$$

Conhecemos a média da população pelo x com uma barra "x barra" e a quantidade de elementos da população pela letra "n" (minúscula).

A média é uma medida pouco confiável, pois é afetada por **valores espúrios** (*outliers*), assunto que veremos mais adiante.

Mediana

A mediana (em inglês: "*median*") é o valor que está no centro de uma amostra. Vamos imaginar o seguinte dataset:

[1,3,4,**6**,7,9,10]

O valor da mediana é "6", que é o elemento central desse dataset, isto porque há um número ímpar de elementos. Se houver um número par de elementos, a mediana é calculada como a média dos dois valores centrais, por exemplo:

[1,3,**4,6**,7,9]

Neste caso, a mediana é "5" ((4 + 6) / 2).

Moda

A moda (em inglês: "mode") é o valor que mais se repete em uma amostra, por exemplo:

[1,**2,2**,3,4,5,6,7]

Neste caso, a moda é o número 2, que é o elemento que mais se repete.

Caso os dados sejam categóricos ou estejam agrupados por faixas, a moda é a faixa que possui maior número de ocorrências.

Quantidade de alunos	Média obtida
13	até 5,0
8	entre 5,0 (exclusive) até 8,0
3	entre 8,0 (exclusive) até 10

Neste exemplo, vemos que a maior quantidade de alunos obteve média até 5,0, logo, esta é a "classe modal".

Comparando Média, Mediana e Moda

Vamos imaginar um exemplo simples: Os pesos dos alunos adolescentes de uma turma:

[52,52,54,56,57,60,61,65,70,120]

- Peso médio: 64.7;
- Mediana: 58.5;
- Moda: 52.

Se tomarmos a média como descritor desse dataset, assumiremos que os alunos dessa turma pesam quase 65 kg, o que é um erro grosseiro. Note que, dos 10 alunos, 7 pesam menos que isso. O peso médio é 10% maior que a mediana dos pesos, e muito superior à moda.

Se você quiser saber quanto tipicamente pesa cada aluno, qual métrica usará? A moda simples, baseada em elementos que se repetem, pode não existir (caso não haja elementos repetidos), mas podemos dividir os pesos em faixas e calcular a classe modal, por exemplo:

Faixa de peso	Quantidade de alunos
Até 55 kg	3
Até 80 kg	6
Acima de 80 kg	1

Podemos ver que a faixa de peso que tem mais alunos, ou a "classe modal" é a dos que pesam entre 55 e 80 kg.

Agora, se retirarmos o aluno que pesa 120 kg, como se comportariam essas métricas?

- Peso médio: 58,7 kg;
- Mediana: 57 kg;
- Moda: 52 kg.

Agora, a média se aproximou mais da mediana, nos dando mais confiança na estimativa.

O problema é que o aluno que pesa 120 kg está desequilibrando a média da turma e gerando resultados irreais. A média é muito sensível a valores extremos, conhecidos como "valores espúrios" ou, em inglês: "*outliers*".

Podemos sempre comparar a mediana com a média, para sabermos o efeito que os "*outliers*" estão provocando na amostra. E podemos usar a "classe modal" para ver qual é a faixa de valores que tem mais ocorrências, nos dando uma visão de qual seria o valor típico a ser observado.

3.2.3 Medidas de dispersão

Medem a dispersão dos valores com relação à média. Vamos entender o que é isso de modo visual.

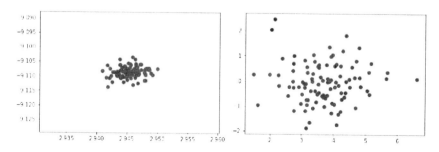

Figura 10: Comparação entre agrupamentos

Na figura, vemos dois gráficos de datasets. O da esquerda parece mais concentrado em torno de um ponto central, e o da direita, parece mais "espalhado", ou seja, sua dispersão é maior.

Vamos voltar ao exemplo dos pesos. Vamos supor que temos uma turma de alunos com estes pesos:

Turma 1 =
[75,02786847, 56,51450656, 55,57517955, 62,00893933,
 82,82022277, 91,78076684, 71,53028442, 82,22315417,
 71,14621041, 76,27644453]

- Média: 72,490357705
- Mediana: 73,2790764451

Turma 2 =
[63,96213546, 51,00946728, 54,48449137, 53,62955058,
 61,62138863, 59,99119596, 57,61297576, 62,52220793,
 64,54041384, 63,95477107]

- Média: 59.3328597878
- Mediana: 60.8062922919

O que podemos deduzir dessas duas turmas? A média parece próxima da mediana... Mas, visualmente, verificamos que há uma variação maior entre os pesos da turma 1 do que os da turma 2, certo? Os pesos da turma 2 parecem estar mais "juntos".

Para saber algo sobre a dispersão dos dados é preciso conhecer algumas medidas de dispersão.

Amplitude

É a diferença entre o maior e o menor valor de um dataset. Vejamos as amplitudes das duas turmas:

- Turma 1: 36,21;
- Turma 2: 13,53.

Já ficou óbvio que na turma 2 os alunos possuem pesos mais próximos, logo a dispersão é menor. Só tem um problema: A amplitude é sensível aos *"outliers"*.

Variância

Como podemos medir mais precisamente os desvios? A amplitude apenas considera o maior e o menor valor... Se fizermos um somatório de todos os desvios? Vamos reusar os datasets das turmas 1 e 2... A soma das diferenças entre cada peso e a média, no caso da turma 1, tende a zero:

np.sum([x-media1 for x in turma1])
-7.815970093361102e-14

Calma! Isso é *Python*! É claro que vou explicar isso mais tarde... É que os dois datasets foram criados usando *Python* (biblioteca "numpy") e eu quis mostrar como é fácil executar cálculos com esta linguagem.

Voltando à soma das diferenças entre cada peso e a média do dataset é zero. Bem, não está exatamente zero, mas é quase (problemas de arredondamento).

Porém, se elevarmos cada diferença ao quadrado, poderemos ter uma medida mais significativa, e podemos dividir pela quantidade de elementos, obtendo assim, a variância.

$$\text{variância} = \frac{\sum_{i=1}^{n}(x_i - \text{média})^2}{\text{tamanho}}$$

No caso da turma 1 é aproximadamente **124,84** e na turma 2 é **21,40**, o que confirma nossa suspeita de que os valores dos pesos da turma 2 estão mais juntos em torno da média.

Antes de continuarmos, precisamos conceituar corretamente a variância, pois há diferenças entre a variância da população e da amostra. No caso das turmas, cada turma é uma população, pois é o nosso alvo de estudo. Porém, se extraíssemos um subconjunto de cada turma, criaremos amostras.

Variância da população

$$\sigma^2 = \frac{\sum_{i=1}^{N}(x_i - \mu)^2}{N}$$

Conhecida por sigma ao quadrado é o somatório dos quadrados das diferenças entre cada elemento da população e a média populacional, dividido pela quantidade de elementos da população.

Variância da amostra

$$S^2 = \frac{\sum_{i=1}^{n}(x_i - \overline{x})^2}{(n-1)}$$

Além das diferenças simbólicas, note que dividimos o quadrado de cada diferença por (n -1), e não pelo tamanho da amostra (n). Isto é, porque estamos lidando com uma subestimativa da média populacional. Isso é meio confuso, pois s² pode se referir:

- A estimativa da variância populacional, neste caso, dividimos pelo tamanho da amostra menos 1;

- A variância apenas da amostra, neste caso, dividimos pelo tamanho da amostra.

Entendeu a sutileza da diferença? Sempre que ouvir "variância da amostra" como estimativa com relação à população de onde foi tirada, então use o denominador (n – 1).

Atenção: Quando se tratar de população, use a fórmula da variância correspondente, dividindo por "n", quando se tratar da amostra, divida por "n -1". Isto é muito importante e pode levar você a cometer um erro grosseiro!

Desvio padrão

Esta é a medida mais utilizada quando analisamos erros em estimativas. O desvio padrão é a raiz quadrada da variância, simples assim! Porém:

- Desvio padrão da população: $\sigma = \sqrt{\sigma^2}$
- Desvio padrão da amostra: $s = \sqrt{s^2}$

Podemos interpretar o desvio padrão como o erro que cometeríamos na estimativa do peso médio, se substituíssemos um dos pesos reais pelo valor da média dos pesos. Isto é importante! É o desvio que a média tem dos valores reais! Vamos ver os desvios das duas turmas:

- Desvio da turma 1: **11,17**;
- Desvio da turma 2: **4,63**.

Mais uma vez, quando se tratar de desvio padrão da população, deve ser calculado com base na variância da população (tendo "n" como divisor), e, quando se tratar de desvio padrão da amostra, deve ser calculado com base na variância da amostra (tendo "n – 1" como divisor).

Não me canso de enfatizar isto… Mas você pode estar em dúvida quanto à distinção entre população e amostra, certo? Vamos lá:

- **População**: TODOS os elementos de um conjunto de dados, ou todas as ocorrências de um fenômeno em estudo;

- **Amostra**: PARTE dos elementos de um conjunto de dados, ou parte das ocorrências de um fenômeno em estudo.

Imagine um vetor com 20 elementos:

X [1.   1.47368421 1.94736842 2.42105263 2.89473684
    3.36842105 3.84210526 4.31578947 4.78947368 5.26315789
    5.73684211 6.21052632 6.68421053 7.15789474 7.63157895
    8.10526316 8.57894737 9.05263158 9.52631579 10.   ]

Se ele for a nossa população, temos as medidas:

n 20
variância 7.46052631579
desvio 2.7313964040009777

Agora, se ele for apenas uma amostra, então temos essas medidas:

n 20
graus de liberdade = 19
variância 7.85318559557
desvio 2.802353581468239

Você pode até considerar a diferença pequena, mas acredite: pode te fazer rejeitar ou aceitar hipóteses incorretamente.

CAPÍTULO 4
Analisando distribuições

Bem, vimos muita coisa no capítulo passado e eu sei que pode ter sido apenas repetição para você, mas a triste verdade é que as faculdades, universidades e escolas Brasileiras falham muito na educação das pessoas, deixando de reforçar esses conceitos. Eu sei, porque sou professor há mais de 20 anos.

Existem outras técnicas estatísticas para analisarmos dados, que nos permitem tirar conclusões mais interessantes mesmo em populações e amostras muito grandes.

4.1 Frequências

Frequentemente, dividimos os valores em faixas ou classes, para facilitar nossa visualização. Isto é especialmente interessante quando temos dados contínuos (valores reais) ou categorias. Por exemplo, supondo que temos um dataset com os gastos mensais das famílias Brasileiras, como poderíamos analisá-lo? O valor do gasto é contínuo, logo, não adianta querer contar quantas famílias têm o mesmo gasto. Melhor seria criar classes de gastos, certo?

Se separarmos a faixa total de valores de gastos em classes, podemos contar quantas vezes uma família se encaixa naquela classe de gastos. Isto se chama frequência.

Segundo a Wikipedia:

"Em estatística, a frequência (ou frequência absoluta) de um evento i é o número n_i de vezes que o evento ocorreu em um experimento ou estudo. Essas frequências são normalmente representadas graficamente em histogramas."

Temos dois tipos básicos de frequência:

- Frequência absoluta: É a quantidade de vezes que determinado valor apareceu no dataset;

- Frequência relativa: É a razão, em percentual, da frequência absoluta pela quantidade de valores diversos.

Na verdade, há definições mais complexas, como esta, da Wikipedia:

- Frequências Absolutas: É uma quantidade média determinada e também consiste em se saber qual é o maior número ou símbolo de maior equivalência. (ni) de uma variável estatística Xi, é a quantidade de vezes que esse valor aparece. Um tamanho maior da amostra aumentará o tamanho da frequência absoluta, ou seja, a soma de todas as frequências absolutas deve dar a amostra total(N).

- Frequência Relativa (fi) é a razão entre a frequência absoluta e o tamanho da amostra (N). Decidida como, $f_i = \frac{n_i}{N} = \frac{n_i}{\sum n_i}$ sendo assim fi para todo o conjunto i. Apresenta-se em uma tabela ou nuvem de pontos em uma distribuição de frequência.

Talvez fique melhor com um exemplo, não?

Vamos supor uma lista de pedidos de uma loja:

	marca	número	quantidade
0	XPTO	1029	50
1	ABCD	3233	50
2	XPTO	5455	50
3	ABCD	1234	50
4	TXWZ	7654	50
5	XPTO	8765	50
6	TXWZ	4354	50
7	XPTO	9089	50
8	XPTO	1031	50

Ok, agora, qual seria a marca que aparece em mais pedidos? Qual a marca com maior **frequência absoluta**?

```
XPTO    5
ABCD    2
TXWZ    2
```

Como podemos constatar, a marca "XPTO" é a que possui maior frequência absoluta, pois aparece em mais pedidos. Agora, vejamos as frequências relativas:

```
XPTO    0.555556
ABCD    0.222222
TXWZ    0.222222
```

A marca XPTO tem uma frequência relativa de aproximadamente 56%.

4.2 Histogramas

Um histograma é um gráfico das frequências dos elementos de um dataset. É claro que existem definições mais complexas do que esta, mas esta é a mais simples possível.

Um histograma pode ser um pouco mais difícil de entender, então vamos criar outra série de dados, digamos, a quantidade de itens comprados por pessoas em nossa loja:

```
compras = [1,1,1,3,3,5,5,6,6,6,6,7,8,8,9,9,9,9,10,10,10,11,13,14,14,15,15,15,15]
```

Veja que são apenas as quantidades compradas por cliente, em ordem ascendente. Do primeiro ao terceiro cliente, todos compraram apenas uma única coisa. Agora, calculamos a amplitude total, que é 14. E vamos tentar dividir em classes de igual amplitude. Não vai ficar exato, mas dá para chegar perto. Eu calculei 6 classes:

Classe	Frequência
(0, 3]	5
(3, 6]	6

(6, 7]	1
(7, 10]	9
(10, 13]	2
(13, 15]	6

Agora, podemos criar o gráfico, colocando as classes no eixo das abscissas e a frequência nas ordenadas:

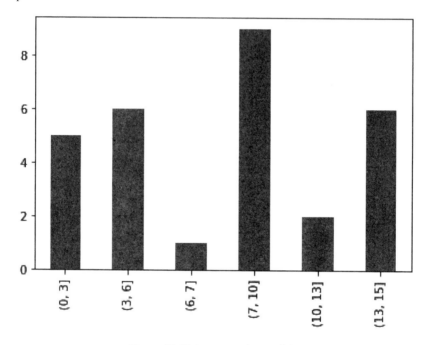

Figura 11: Histograma dos pedidos

O que notamos logo nesse gráfico? Que ele parece ter uma forma de sino ou de montanha, exceto pelas duas classes" (6,7]" e "(10,13]" que estão destoando. Não fosse por isso, ele teria uma curva suave que sobe até a classe "(7,10]" e desce até a classe final.

Eu calculei 6 classes porque olhei bem os valores e vi que daria para agrupá-los nessas classes, de acordo com o que seria esperado. É um trabalho manual criar um histograma que capture bem a realidade.

O histograma é muito sensível à quantidade de classes em que você divide a amostra. Por exemplo, uma divisão menos cuidadosa resultaria em algo assim:

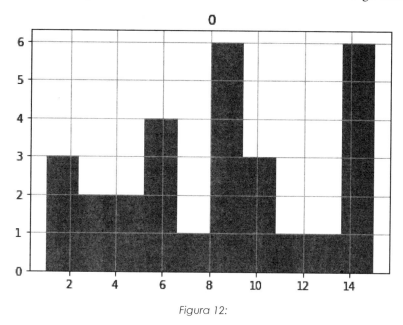

Figura 12:

Nesta segunda figura, usamos classes geradas automaticamente. Veja que ainda podemos ver a curva ascendente, só que parece que o dataset não está bem distribuído.

Interpretando histogramas

Se você construir seu histograma com muitas classes, aumentará o ruído, com poucas classes, diminuirá o ruído, então, o acerto da quantidade de classes e a distribuição dos valores deve ser feito com cuidado para que o gráfico espelhe a realidade.

Se for criado desta forma, é possível tirar algumas conclusões interessantes a partir de um histograma. Por exemplo, observando o da figura 1, repetida aqui, vemos que ele tem uma só classe modal e parece ser simétrico em torno dela:

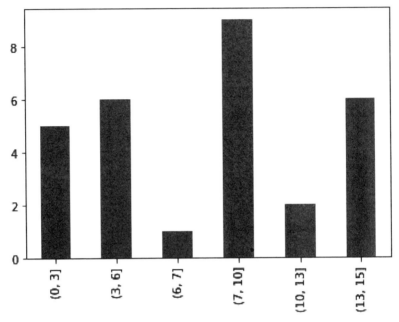

Figura 13: Disribuição

Porém, notamos que ele dá uma ligeira "escorregada" para a esquerda, ou seja, nas barras mais à esquerda, a frequência é maior do que nas da direita. Vamos ver outros formatos de histogramas:

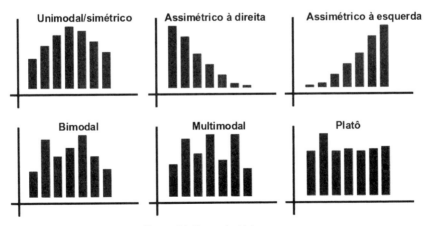

Figura 14: Tipos de histograma

CAPÍTULO 4 Analisando distribuições • **47**

O ideal é que haja uniformidade, unimodalidade e simetria em seu histograma. Dependendo do que você esteja analisando a assimetria pode revelar problemas, a não ser que seja realmente esperado. Por exemplo, supondo que as classes sejam os meses (contando a partir do lançamento) e as alturas sejam a quantidade de vendas de um produto novo, então é esperada uma assimetria à direita, pois uma novidade tende a vender mais nos períodos próximos ao seu lançamento.

É importante analisar o histograma para futuramente criar um modelo preditivo dos dados, logo, a simetria é importantíssima para isto. Pode ser que os dados sejam naturalmente assimétricos, daí a importância de construir um histograma corretamente.

A repetição de picos, ou multimodalidade, pode representar algumas coisas interessantes. Por exemplo, dois picos (bimodal) pode significar que você tem, na verdade grupos diferentes de dados ocorrendo. Supondo que as classes sejam os horários do dia, e as alturas sejam a quantidade vendida, pode ser que você tenha dois grupos separados de clientes (manhã e tarde).

E o histograma pode revelar outros problemas, como *"outliers"*:

Figura 15: outlier

O platô ocorre quando as frequências das classes são muito parecidas, evidenciando que há várias médias diferentes na sua distribuição. Talvez uma melhor amostragem ou divisão em classes mais cuidadosas possa resolver o problema.

4.3 Distribuição de probabilidades

Além de estudar o passado, a estatística também nos auxilia a estudar o futuro, ou as probabilidades de ocorrências de eventos, através da construção de modelos preditivos.

Por exemplo, estudando as variáveis estatísticas de um dataset, como os pedidos dos clientes de uma loja virtual, é possível deduzir seus hábitos de consumo e até criar um modelo que nos permita predizer quanto será vendido e de quais itens.

Para isto, temos que falar um pouco sobre probabilidades.

4.3.1 Probabilidade

Probabilidade é um valor contínuo que nos diz a chance de ocorrência de determinado resultado entre vários outros, de um conjunto de resultados possíveis. Vamos recorrer a um dado (sim, desses que você usa em jogos). Um dado tem 6 faces, numeradas de 1 a 6. Qual é a probabilidade de você lançar um dado e sair um número 4?

- Número de faces: 6;
- Faces que nos interessam: 1 (aquela que contém o número 4);
- Probabilidade de sair um 4: 1/6 ou aproximadamente 17%.

4.3.2 Variável aleatória

Uma variável aleatória possui um valor único para cada resultado de experimento ou observação. Vamos supor que estamos estudando o peso dos alunos de uma turma. Podemos selecionar um aluno aleatoriamente e verificar seu peso.

Uma variável pode ser contínua ou discreta, conforme já vimos anteriormente.

Selecionando um aluno da turma, qual a probabilidade de seu peso ser próximo da média? Para estudar a distribuição dos pesos, e fazer predições, podemos criar uma distribuição de probabilidades com nossas variáveis aleatórias.

Vamos voltar ao dado, neste caso, nossa variável aleatória é o número da face que ficará em cima do dado, após nós o jogarmos. Como já vimos, cada face tem cerca de 17% de chance de ficar do lado de cima (1/6).

O conjunto dos valores possíveis que nossa variável aleatória pode assumir é: {1,2,3,4,5,6}. Cada valor tem a mesma chance de aparecer. A probabilidade é a chance de nossa variável aleatória assumir cada valor de "P".

Cada valor tem a mesma chance de ocorrer, logo, a soma das probabilidades de todos os valores ocorrerem deve ser igual a 1:

$$\sum P(X) = 1$$

É simples de demonstrar... Cada valor tem 1/6 de probabilidade de ocorrer, logo:

$$\frac{1}{6} + \frac{1}{6} + \frac{1}{6} + \frac{1}{6} + \frac{1}{6} + \frac{1}{6} = \frac{6}{6} = 1$$

Da mesma forma, a probabilidade de um valor ocorrer deve ser um número entre 0 e 1.

4.3.3 Distribuição de probabilidades

Podemos atribuir probabilidades a cada valor possível de uma variável aleatória, criando, desta forma uma distribuição de probabilidades de cada valor ocorrer.

Se estivermos falando de variáveis discretas, usaremos uma **Função massa de probabilidades** (Probability Mass Function) para associar cada valor possível a uma probabilidade. Isto é conhecido como PMF.

Se estivermos falando de variáveis contínuas, usaremos uma **Função de densidade de probabilidades** (Probability Density Function) que diz a probabilidade relativa da variável assumir um valor dado. Isto é conhecido como PDF.

4.3.4 Valor esperado

Você verá muito este termo. Quando estamos estudando um fenômeno, expresso através de uma variável aleatória, estamos interessados no seu valor central, ou sua média. Chamamos essa média de "valor esperado" ou "esperança" da variável aleatória. Por exemplo:

- Você está esperando um determinado ônibus. Olha para o relógio, vira-se para a pessoa ao lado e pergunta: "Quanto tempo este ônibus demora para passar aqui?" A variável aleatória é o tempo de espera (ou o período de espera). A pessoa responde: "Passa de 15 em 15 minutos." Então, sabendo que o último ônibus acabou de passar, você se concentra no valor esperado de 15 minutos;

- Um cliente típico da nossa App móvel adquire um produto a cada 50 acessos. Logo, você espera que, ao chegar perto de 50 acessos, os clientes adquiram produtos.

4.3.5 Modelos probabilísticos discretos

Se estamos estudando um fenômeno, cuja variável aleatória é discreta, então temos alguns modelos de distribuições de probabilidade, que nos ajudam a entender e criar modelos preditivos. Vamos ver dois modelos de eventos probabilísticos muito comuns: Binomial e Poisson.

4.3.6 Distribuição binomial

Antes de falarmos sobre distribuição binomial, é preciso apresentar o conceito de "**Tentativa de Bernoulli**", que consiste em um experimento com somente dois resultados possíveis: Sucesso ou Falha, mas que também pode ser traduzido em: "Sim" e "Não" ou "Verdadeiro" e "Falso". Por exemplo:

- A próxima pessoa a entrar no ônibus é Mulher;
- O cliente comprou o produto "A";
- O dado deu um número par;

A Wikipedia explica bem esse tipo de fenômeno (https://pt.wikipedia.org/wiki/Tentativa_de_Bernoulli). Entendemos "p" como a probabilidade de resultado positivo do experimento ("Verdadeiro", "Sim" ou "Sucesso"), logo, dizemos que "p" é o **valor esperado** da nossa predição. Note que, em um experimento deste tipo (binário) só pode haver dois resultados: "0" e "1", logo, o desvio padrão da nossa amostra de experimentos será:

$$\sqrt{p(1-p)}$$

A PMF desta distribuição é dada pela fórmula:

$$P[X=k] = \binom{n}{k} p^k (1-p)^{n-k}$$

Dados:

- "n" = Quantidade de vezes que o experimento foi repetido (tamanho da amostra);
- "k" = Quantidade de sucessos (ou fracassos);
- "p" = Probabilidade de sucesso (ou fracasso) em cada experimento;

Exemplo:

Esta questão caiu em um exame de concurso público:

"Em um determinado município, 70% da população é favorável a um certo projeto. Se uma amostra aleatória de cinco pessoas dessa população for selecionada, então a probabilidade de exatamente três pessoas serem favoráveis ao projeto é igual a"

- "n" = 5 (quantidade de casos);
- "k" = 3 (casos de sucesso);
- "p" = 0,7 (70% são favoráveis).

$$P[X=3] = \binom{5}{3} 0,7^3 (1-0,7)^{5-3}$$

A resposta é 0,3087 ou 30%

Podemos pensar em casos repetitivos, por exemplo, se jogarmos uma moeda 12 vezes para cima, qual é a probabilidade de dar 5 "caras"?

$$P[X=5] = \binom{12}{5} 0,5^5 (1-0,5)^{12-5}$$

A resposta é 0,193359375 ou 19%.

E se repetirmos essa experiência 100 vezes? Qual seria a probabilidade de sair 1 "cara", 2 "caras" etc? Podemos montar uma distribuição de probabilidades:

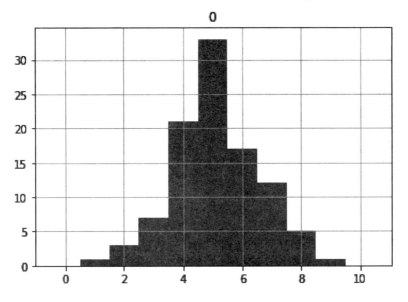

Figura 16: Distribuição binomial

4.3.7 Distribuição de Poisson

É um tipo de fenômeno muito comum, que descreve situações onde temos muitas observações e a probabilidade de cada uma delas é muito pequena. Podemos dizer que na distribuição de Poisson, queremos saber o número de casos em um determinado intervalo, que pode ser espaço ou tempo. Por exemplo, acontecimentos ao longo do tempo, como a ocorrência de novos casos de câncer de pele em um período de tempo.

Na distribuição de Poisson usamos como parâmetro λ (lambda) que representa a taxa de ocorrência do evento. A fórmula da função de probabilidades é:

$$P(X=k) = \frac{e^{-\lambda}\lambda^k}{k!}$$

"e" = base do logaritmo natural e ≈ 2,71828

Para considerarmos a distribuição de Poisson, temos algumas condições básicas:

1. A taxa média λ é constante ao longo do tempo;
2. As repetições de ocorrências são independentes, entre períodos diferentes de tempo.

Vamos a um exemplo. Em nossa loja virtual, temos 6 clientes a cada hora. Qual é a probabilidade de termos apenas 3 clientes em determinada hora?

$$P=(X=3) = \frac{e^{-6}6^3}{3!}$$

Resposta: 0,0892 ou 8,92%

E podemos repetir essa observação, criando um gráfico de distribuição. Vamos supor que observamos a quantidade de clientes por 1.000 horas, poderíamos ter essa contagem:

Observações	Qtd Clientes
1	16
1	15
2	14
5	13
5	0
7	12
13	1

31	11
36	2
37	10
82	9
104	3
105	8
121	4
131	7
159	5
160	6

Uma hora, em 1.000, tivemos 16 clientes na loja, e 160 horas (em 1.000), tivemos 6 pessoas na loja. Podemos plotar essa distribuição assim:

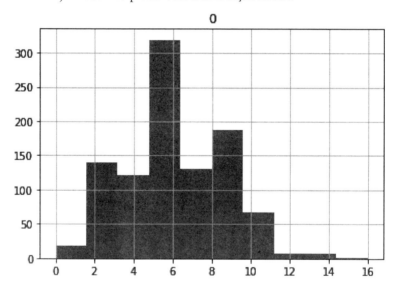

Figura 17: Distribuição de Poisson

Modelos probabilísticos contínuos

Bem, neste caso, a variável aleatória do fenômeno que estamos estudando é contínua, como peso, velocidade ou custo.

Distribuição uniforme

A distribuição uniforme é muito importante para o estudo de fenômenos, e pode ser entendida como um experimento com um número finito de resultados, todos com chances iguais de acontecerem.

Vamos supor um servidor que tenha probabilidade uniforme de dar pane em 30 dias de uso contínuo. Qual a probabilidade dele dar pane em uma semana de uso?

Se a distribuição de probabilidades de pane é uniforme, então ele tem a mesma chance de dar pane nos primeiros 3 dias?

A probabilidade de dar pane em qualquer um dos 30 dias é uniforme, logo, o gráfico seria algo assim:

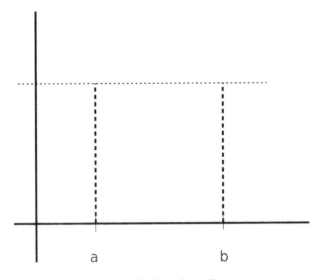

Figura 18: Distribuição uniforme

A função de densidade de probabilidade é dada por:

$$f(x) = \begin{cases} \dfrac{1}{(b-a)}, a \leq x \leq b \\ 0, \text{ outros casos} \end{cases}$$

Vamos supor o caso do Servidor, onde a=0 e b=30, logo a função de densidade seria: 1/30. Para calcular a probabilidade de ocorrência em qualquer subintervalo de [a.b], usamos a fórmula:

$$P(c \leq X \leq d) = \int_c^d f(x)dx = \frac{(d-c)}{(b-a)}$$

Calma! Não se assuste! Você não terá que calcular integrais, pois as ferramentas já fazem isso para você. Neste caso, seria algo assim:

$$P(0 \leq X \leq 3) = \int_c^d f(x)dx = \frac{(3-0)}{(30-0)}$$

O resultado seria 3/30 = 0,1 ou 10%. Meio óbvio, não? O interessante é que podemos observar uma distribuição e verificar se ela é uniforme. Quando o tamanho da nossa amostra for grande, o gráfico da distribuição deverá se aproximar da figura anterior, parecendo com um "platô":

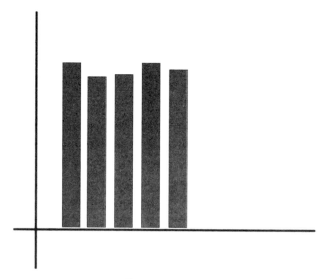

Figura 19: Platô

Distribuição normal ou Gaussiana

CAPÍTULO 4 Analisando distribuições • **57**

Certamente, você já viu um gráfico parecido com esse:

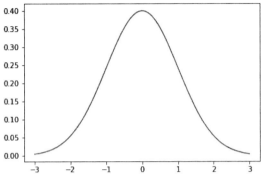

Figura 20: Distribuição normal com média zero

Esta distribuição é importante porque muitos fenômenos **naturais** seguem esse mesmo modelo. Na figura, vemos um gráfico de distribuição normal padronizada, com µ = 0 e σ = 1. Para obtermos esse gráfico a partir de uma variável contínua aleatória X, precisamos usar a fórmula:

$$Z = \left(\frac{(x - \mu)}{\sigma} \right)$$

Existem algumas áreas na distribuição normal que caracterizam a nossa população:

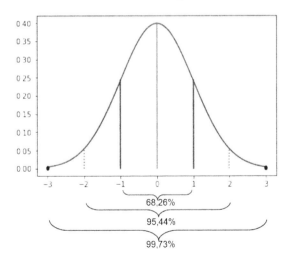

Figura 21: Áreas especiais

As áreas possuem concentrações de elementos:

- 68,26% dos elementos encontram-se na área com até 1 desvio padrão da média;
- 95,44% dos elementos encontram-se na área com até 2 desvios padrões da média;
- 99,73% dos elementos encontram-se na área com até 3 desvios padrões da média.

A importância da distribuição normal (ou Gaussiana) é dada pelo **Teorema Central do Limite**. Este teorema indica que, quando se aumenta o tamanho da amostra, a distribuição da média dos valores se aproxima da distribuição normal, mesmo que, originalmente, a distribuição da população de ocorrências não siga a distribuição normal.

Atenção: Normalmente assumimos a distribuição normal quando a variância da população (σ^2) é conhecida. Caso contrário, assumimos a distribuição T de Student (veremos mais adiante).

A função de densidade de probabilidade (PDF) da distribuição normal é:

$$\frac{1}{\sigma\sqrt{2\pi}} \exp\left(\frac{-(x-\mu)^2}{2\sigma^2}\right)$$

Vamos dar um exemplo:

Em um grupo de 500 alunos adolescentes de uma escola, foram colhidos seus pesos. Plotamos um histograma com esses pesos:

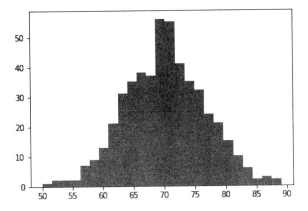

Figura 22: Histograma dos pesos

Sabemos que a média é de 70 kg, e o desvio padrão é 6,5. Agora, vamos ver se esta distribuição se aproxima da distribuição normal:

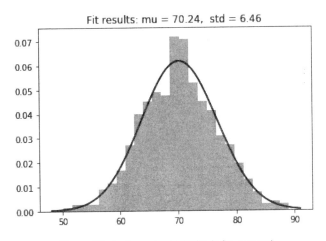

Figura 23: Aplicando a distribuição normal

Vemos que o histograma dos pesos se aproxima da distribuição normal, logo, podemos concluir que a maioria dos alunos pesa entre 70 +- 6,5 Kg, ou, entre 63,5 kg e 76,5 kg.

Existem muito mais modelos de distribuições de variáveis contínuas, como:

- Qui-quadrado;
- T de Sudent;
- Gama;
- Beta:
- Log-normal;
- Logística;

4.3.4 Curtose e assimetria

Quando temos uma distribuição de probabilidades ou mesmo um dataset com amostras, existem duas medidas que são muito interessantes:

- Curtose (**Kurtosis**): O quão "pontuda" ou "achatada" é a distribuição;
- Assimetria (**Skewness**): A medida da simetria da distribuição em torno da média.

É mais fácil ver do que falar...

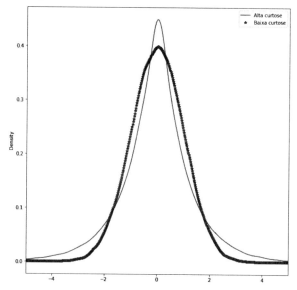

Figura 24: Alta e baixa curtose

Com relação à curtose, uma distribuição pode ser:

- Curtose próxima de zero: Mesocúrtica;
- Curtose maior que zero: Leptocúrtica (pontuda);
- Curtose menor que zero: Platicúrtica (achatada).

A interpretação sobre o valor da curtose é controverso, mas existem alguns pontos de vista importantes. Há a impressão de que a distribuição é "pontuda", mas esta visão pode ser equivocada, pois o que acontece, na verdade, é que os extremos da distribuição estão se juntando no meio. Uma distribuição com alta curtose pode ser causada por poucos pontos de grande desvio, ao contrário de muitos pontos com desvio menor.

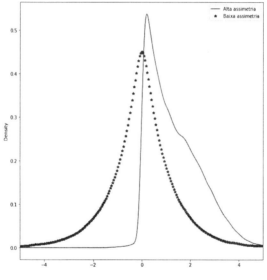

Figura 25: Assimetria

Já a assimetria ocorre quando a distribuição não é centrada em torno da média, como vemos na figura. A linha contínua uma "cauda" mais comprida à direita do que à esquerda. Podemos avaliar a assimetria assim:

- Assimetria > 0: Mais valores acima da média à direita (cauda maior à direita);
- Assimetria < 0: Mais valores acima da média à esquerda (cauda maior à esquerda);

O que significa a assimetria **positiva** (direita)? Que há mais valores mais altos que a média (a cauda). Já a assimetria **negativa** significa que há mais valores menores que a média.

CAPÍTULO 5

Turbo *Python*

Calma! Eu sei que aprender uma nova linguagem de programação pode ser algo traumático, mas eu garanto que *Python* é diferente. E nós veremos uma introdução rápida e simplificada à linguagem *Python,* focando naquilo que é mais importante para o assunto deste livro, que é *Data Science*.

Vou esclarecer isso porque é muito importante: Vamos aprender a usar *Python* em nossos projetos de *Data Science*. Só isso. Muita coisa da linguagem e do seu ecossistema não usaremos neste livro. Se você quiser aprender *Python* para uso geral, então é melhor adquirir outro livro ou fazer um curso específico.

Por que *Python*?

Porque possui excelentes bibliotecas para *Data Science* e porque facilita muito o "Story telling", que é a maneira como se devem apresentar estudos de dados.

Story telling?

Sim! Um trabalho de *Data Science* tende a ser cansativo, cheio de fórmulas e gráficos, o que torna muito difícil a criação de uma apresentação eficiente. *Story telling* é a arte de comunicar resultados utilizando recursos e narrativas cativantes. Quer um exemplo? Acesse o seguinte site:

https://www.kaggle.com/cleuton/titanic-first-trial-with-keras-tensorflow

É um trabalho que fiz no Kaggle (http://kaggle.com) e criei um Notebook para apresentá-lo. Você pode ler como se fosse um livro, mas, na verdade, ele combina imagens, texto e código-fonte para produzir resultados na hora.

Notebook?

Notebook é uma forma de executar o Python interativamente, mesclando comandos com texto e, possivelmente imagens. Há um software chamado "jupyter", que permite criar Notebooks como o do link que você viu, no Browser. Você pode executar o código Python e documentar o resultado.

Histórico

Python é uma linguagem de programação interpretada, conhecida como "linguagem de script", porque pode ser utilizada "embutida" em outros softwares. Ela foi criada em 1991 pelo Holandês Guido Van Rossum, sendo totalmente livre e open source.

A maioria dos computadores com sistema operacional Linux vem com o Python instalado por *default*.

Filosofia do Python

Tim Peters listou os princípios que guiaram (e guiam até hoje) o desenvolvimento do Python, chamados de "O Zen do Python":

The Zen of Python, by TimPeters:

1. Beautiful is better than ugly (*O Belo é melhor que o Feio*).

2. Explicit is better than implicit (*Explícito é melhor que Implícito*).

3. Simple is better than complex (*Simples é melhor que Complexo*).

4. Complex is better than complicated (*Complexo é melhor do que Complicado*).

5. Flat is better than nested (*Estruturas simples são melhores do que hierarquias complexas*).

6. Sparse is better than dense (*Esparso é melhor do que Denso*).

7. Readability counts (*Legibilidade conta*).

8. Special cases aren't special enough to break the rules (*Casos especiais não são especiais o suficiente para quebrar as regras*).

9. Although practicality beats purity (*Embora a praticidade supere a pureza*).

10. Errors should never pass silently (*Erros jamais devem passar silenciosos*).

11. Unless explicitly silenced (*A não ser que sejam explicitamente silenciados*).

12. In the face of ambiguity, refuse the temptation to guess (*Em face à ambiguidade, recuse a tentação de adivinhar*).

13. There should be one - and preferably only one --obvious way to do it (*Deve haver um – e preferencialmente somente um – modo óbvio de fazer algo*).

14. Although that way not be obvious at first unless you're Dutch (*Embora não seja óbvio de cara, a não ser que você seja Holandês*).

15. Now is better than never (*"Agora" é melhor do que "nunca"*).

16. Although never is often better than right now (*Embora "nunca" seja geralmente melhor que "agora mesmo"*).

17. If the implementation is hard to explain, it's a bad idea (*Se a implementação é difícil de explicar, é uma ideia ruim*).

18. If the implementation is easy to explain, it may be a good idea (*Se a implementação é fácil de explicar, pode ser uma boa ideia*).

19. NameSpaces are one honking great idea -- let's do more of those (*NameSpaces são uma excelente ideia – Vamos fazer mais destes*)!

Se você quiser ver essa lista novamente, basta abrir um Terminal (ou Prompt de comandos), digitar "python" e, no cursor ">>>" digite: "import this".

Python é uma linguagem de programação simples, com tipagem dinâmica, que não amarra você a nenhum paradigma. Quer programar Orientado a Objetos? Ótimo! Quer programar proceduralmente? Também está ótimo! Quer programar funcionalmente? Igualmente ótimo!

5.1 Ambiente virtual

O *Python* tem um vasto ecossistema, e um dos componentes mais legais é a possibilidade de criarmos ambientes "virtuais", sem mexer na configuração da sua máquina.

Geralmente, as máquinas Linux já vêm com um *Python* instalado, e o utilizam como linguagem de script para várias coisas. Atualmente, os principais Linux vêm com o *Python* 2.7 instalado.

O *Python* 3.x é incompatível com a versão antiga, e instalá-lo em sua máquina poderá causar problemas em outros softwares que dependam da versão original. Então, é uma boa ideia criar um ambiente virtual para seus estudos, com toda sua estrutura de diretórios e arquivos isolada da instalação *Python* padrão.

Há várias distribuições de *Python* que já criam ambientes virtualizados, e a *Anaconda* (https://www.anaconda.com/download/) é uma das mais conhecidas.

5.1.2 Instalação do *Python*

Vamos seguir uma lista simples de passos para instalar um ambiente virtual *Python* 3.6 em sua máquina:

1. Abra o site do *Anaconda* e instale a versão mais atual (*Python* 3.x). Você verá instruções para cada sistema operacional;

2. Crie um ambiente virtual:

    1. Abra o **terminal** ou o **Prompt** de comandos;

    2. Crie uma pasta e navegue para ela;

3. Salve o seguinte arquivo como "ds-env.yml" (*):
```
name: datascience
dependencies:
  - numpy
  - scipy
  - pandas
  - scikit-learn
  - scipy
  - jupyter
  - matplotlib
  - statsmodels
  - python=3.6
  - pip:
    - tensorflow
    - tensorflow-tensorboard
```

4. Crie um ambiente virtual com o *Python* 3.6: "conda env create -f ds-env.yml";

3. Seu ambiente virtual "datascience" foi criado. Entre nele:
   1. Se estiver usando MS Windows, digite: "activate datascience";
   2. Se estiver usando Linux ou MacOS, digite: "source activate datascience";

(*) *Se você tiver problemas, baixe o arquivo do repositório deste livro (veja no capítulo 1).*

Seu Terminal deve estar assim como o meu:

```
$ source activate datascience
(datascience) $
```

O *Anaconda* permite instalarmos pacotes de software no ambiente virtual. Podemos listar os pacotes instalados com o comando: "conda list".

```
(datascience) $ conda list
# packages in environment at /home/user/.conda/envs/datascience:
#
```

bleach	1.5.0	py36_0
certifi	2016.2.28	py36_0
cycler	0.10.0	py36_0
dbus	1.10.20	0
decorator	4.1.2	py36_0
entrypoints	0.2.3	py36_0
expat	2.1.0	0
fontconfig	2.12.1	3
freetype	2.5.5	2
glib	2.50.2	1
gst-plugins-base	1.8.0	0
gstreamer	1.8.0	0
html5lib	0.9999999	py36_0
icu	54.1	0
ipykernel	4.6.1	py36_0
ipython	6.1.0	py36_0
ipython_genutils	0.2.0	py36_0
ipywidgets	6.0.0	py36_0
jedi	0.10.2	py36_2
jinja2	2.9.6	py36_0
jpeg	9b	0
jsonschema	2.6.0	py36_0
jupyter	1.0.0	py36_3
jupyter_client	5.1.0	py36_0
jupyter_console	5.2.0	py36_0
jupyter_core	4.3.0	py36_0
libffi	3.2.1	1
libgcc	5.2.0	0
libgfortran	3.0.0	1
libiconv	1.14	0
libpng	1.6.30	1
libsodium	1.0.10	0
libxcb	1.12	1
libxml2	2.9.4	0
Markdown	2.6.9	<pip>
markupsafe	1.0	py36_0

matplotlib	2.0.2	np113py36_0
mistune	0.7.4	py36_0
mkl	2017.0.3	0
nbconvert	5.2.1	py36_0
nbformat	4.4.0	py36_0
notebook	5.0.0	py36_0
numpy	1.13.1	py36_0
openssl	1.0.21	0
pandas	0.20.3	py36_0
pandocfilters	1.4.2	py36_0
path.py	10.3.1	py36_0
pcre	8.39	1
pexpect	4.2.1	py36_0
pickleshare	0.7.4	py36_0
pip	9.0.1	py36_1
prompt_toolkit	1.0.15	py36_0
protobuf	3.4.0	<pip>
ptyprocess	0.5.2	py36_0
pygments	2.2.0	py36_0
pyparsing	2.2.0	py36_0
pyqt	5.6.0	py36_2
python	3.6.2	0
python-dateutil	2.6.1	py36_0
pytz	2017.2	py36_0
pyzmq	16.0.2	py36_0
qt	5.6.2	5
qtconsole	4.3.1	py36_0
readline	6.2	2
scikit-learn	0.19.0	np113py36_0
scipy	0.19.1	np113py36_0
setuptools	36.4.0	py36_1
simplegeneric	0.8.1	py36_1
sip	4.18	py36_0
six	1.10.0	py36_0
sqlite	3.13.0	0
tensorflow	1.3.0	<pip>

```
tensorflow-tensorboard      0.1.8                   <pip>
terminado                   0.6                     py36_0
testpath                    0.3.1                   py36_0
tk                          8.5.18                       0
tornado                     4.5.2                   py36_0
traitlets                   4.3.2                   py36_0
wcwidth                     0.1.7                   py36_0
Werkzeug                    0.12.2                  <pip>
wheel                       0.29.0                  py36_0
widgetsnbextension          3.0.2                   py36_0
xz                          5.2.3                        0
zeromq                      4.1.5                        0
zlib                        1.2.11                       0
```

Para sair do ambiente virtual basta usar o comando: "source deactivate" ou apenas "deactivate", se você estiver no MS Windows.

5.1.2 Criando um notebook

Nós vamos programar sempre dentro de um Notebook criado pelo *Jupyter*. Embora você possa criar arquivos de código-fonte *Python* separados (com extensão ".py") neste livro, quase sempre usaremos um Notebook.

Então vamos iniciar o *Jupyter* e criar um notebook. No seu terminal, dentro da mesma pasta que você criou, digite:

```
jupyter notebook
```

Você deve ver essa página abrir em seu navegador web:

Figura 26: Jupyter

Este é o navegador do *Jupyter*, que lhe permite selecionar qual notebook você quer trabalhar. Os notebooks possuem extensão: ".ipynb". Vamos criar um notebook, clicando no botão "New" e selecionando "*Python 3*". Agora, você estará dentro do seu notebook:

Se você clicar na palavra *"Untitled"*, logo após a palavra *"jupyter"*, poderá trocar o nome do seu notebook.

O Notebook é composto por células. Na imagem anterior, há apenas uma única célula e seu conteúdo deverá ser obrigatoriamente código-fonte em *Python*. Isso é comandado por uma *"dropdown list"*, logo abaixo do menu *"Kernel"*, onde está escrito *"Code"*. Você pode alternar entre: *"Code"* ou *"Markdown"* (há outras opções, mas vamos ficar com estas).

Markdown é uma linguagem para criar hyper textos, mais simples do que HTML. Se você quiser aprender a formatação de texto em *Markdown*, o que eu recomendo, há um tutorial muito bom: https://guides.github.com/features/mastering-markdown/.

Vou mostrar alguns passos iniciais:

Títulos

- `# Título 1 (<h1>);`
- `## Título 2 (<h2>);`
- `### Título 3 (<h3>).`

Ênfase

- `*itálico*`
- `_itálico_`
- `**negrito**`
- `__negrito__`
- `**_negrito+itálico_**`

Experimente mudar o conteúdo da célula para *"Markdown"* e digite alguma coisa. Depois, digite **SHIFT+ENTER** para executar a célula. Isso é importante! Você pode criar novas células acima ou abaixo da célula atual usando o meu *"insert"*, e pode remover células com o menu *"Edit"*.

Por exemplo, temos aqui um notebook com 4 células. As duas primeiras são apenas *Markdown,* e a terceira contém código *Python*. Para executar uma célula que contém código *Python*, use **SHIFT+ENTER**. O resultado aparecerá abaixo da célula:

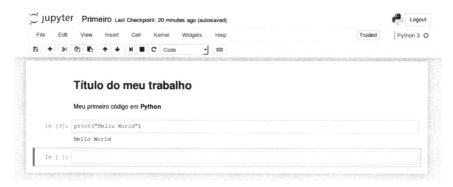

Figura 27: Células de texto e de código

Bom, se você chegou até aqui, parabéns! Está programando em *Python.*

5.2.3 Variáveis e expressões

Python é uma linguagem dinâmica, na qual a variável é definida pelo tipo de dados que contém. Podemos criar variáveis simples, como: inteiras, reais, lógicas (booleanas) ou texto (str). Abra o notebook "Primeiro.ipynb" (*) e rode os exemplos. Cada célula pode ser executada com SHFT+ENTER, ou então, você pode resetar e rodar todo o notebook com o menu *"Kernel / Restart & Run All"*.

(*) Está no repositório do livro. Veja no capítulo "Introdução". Baixe e copie o arquivo para o diretório onde você criou o seu ambiente virtual.

Preste atenção aos comentários! Um caracter "#" indica início de comentário em uma linha. Tudo após ele será considerado comentário.

Para criarmos comentários de múltiplas linhas, usamos três apóstrofes simples ("') e fechamos da mesma forma ("'):

```
'''
Isso é um comentário
de múltiplas linhas
'''
b = 0.77 # variável contínua
c = True # variável booleana (True / False)
print('Tipo de b:',type(b),'tipo de c:',type(c))

Tipo de b: <class 'float'> tipo de c: <class 'bool'>
```

Acho que você entendeu como criar variáveis, exibir seu conteúdo e exibir seu tipo de dados, certo?

5.2.4 Variáveis multivaloradas

A principal variável multivalorada é a lista. Você pode ver no notebook "Primeiro.ipynb" como ela funciona. Por exemplo:

```
notas = [6.5, 4.0, 7.0, 6.5, 7.5, 8.0, 9.5, 10.0]

for nota in notas:
    print('Nota:',nota)
```

Listas podem conter qualquer coisa. E podemos iterar sobre elas com o comando "for".

Em Python, não temos separadores de blocos de comandos, como as chaves "{ }" que usamos em Java ou C. Os blocos são separados por identação. O comando "for" tem o caracter dois-pontos (":") no final, indicando que as próximas linhas identadas, farão parte do seu bloco de comandos, no caso, o comando "print".

5.2.5 Expressões numéricas

As expressões numéricas são bastante simples, pois usamos os mesmos operadores que outras linguagens de programação utilizam:

```
a = 5
b = 7
c = 2
d = 3
resultado = (b - a) * c / d
```

Tuplas

Tuplas são conjuntos de dados que não podem ser modificados. São constantes. Funcionam como uma lista, mas são declaradas de forma diferente:

```
aluno1 = ('Fulano','Rua x numero 5')
aluno2 = ('Beltrano','Rua a numero 1')
alunos = [aluno1,aluno2]
```

Dicionários

Dicionários são vetores indexados por strings:

```
produto1 = {'codigo' : 34, 'descricao': 'Parafuso', 'qtde' : 100}
produto2 = {'codigo' : 35, 'descricao': 'Prego', 'qtde' : 80}
produto3 = {'codigo' : 36, 'descricao': 'Serrote', 'qtde' : 20}
```

```
print(produto1['descricao'])
Parafuso
```

Podemos agrupar dicionários em listas e indexar suas propriedades:

```
produtos = [produto1,produto2,produto3]
print(produtos[1]['descricao']) # pega a descrição do segundo produto
Prego
```

Expressões lógicas e condições

Em *Python* temos os operadores "and" e "or", que podem ser associados a expressões booleanas, por exemplo:

```
a = True
b = False
print(a and b)
print(a or b)
print(not (a and b))

False
True
True
```

Para testarmos igualdades e desigualdades, usamos os sinais: "==", "!=", "<=", ">=", "<" e ">":

```
n = 5
z = 6
print(n == z)
print(not (n == z))
```

```
print(n != z)
print(n <= z)
print(z > n)

False
True
True
True
True
```

Comandos de controle de fluxo

Python tem os mesmos comandos que toda linguagem tem: "if", "for" e "while".

"while"

O Comando *"while"* permite repetir uma (ou mais instruções) enquanto uma condição for verdadeira, por exemplo:

```
x = 0
while x<5:
    x += 1
    print(x)

1
2
3
4
5
```

Devemos lembrar que a identação é muito importante em *Python*, logo, todos os comandos que estão sujeitos à influência do *"while"* devem vir nas próximas linhas (a linha do *"while"* deve terminar com dois pontos ":"), e devem vir identados, sendo posicionados na mesma coluna.

"for"

O "for" é uma iteração com intervalo determinado, ou seja, os comandos são repetidos de acordo com uma sequência, por exemplo:

```
for x in range(1,6):
    print(x)
```

1
2
3
4
5

Podemos usar o "for" para iterar sobre listas ou outros tipos de variáveis multivaloradas:

```
import numpy as np
x = np.linspace(1,10,num=20)

print('Tamanho:',len(x))

for numero in x:
    print(numero)

print(type(numero))
```

Tamanho: 20
Tipo: <class 'numpy.ndarray'>
1.0
1.47368421053
1.94736842105
2.42105263158
2.89473684211
3.36842105263
3.84210526316
4.31578947368
4.78947368421

```
5.26315789474
5.73684210526
6.21052631579
6.68421052632
7.15789473684
7.63157894737
8.10526315789
8.57894736842
9.05263157895
9.52631578947
10.0
<class 'numpy.float64'>
```

Bem, algumas coisas aconteceram aqui... Podemos imaginar a variável "x" como uma lista, logo, o comando "for" navega em cada elemento da lista, através da variável "n". Antes de falarmos sobre o "import" e o "numpy", eu queria que você observasse um fato curioso: A variável "numero", utilizada no "for" não é local!

Em outras linguagens de programação, como Java, temos o conceito de variáveis de "bloco", que somente existem para o bloco de comandos onde foram declaradas. Em *Python*, podemos ter variáveis com escopo local dentro de funções ou módulos, mas não dentro de blocos.

Finalmente, temos o comando *"import"*, que serve para importar módulos externos para dentro do seu programa. No exemplo do *"for"*, estamos importando o módulo *"numpy"*, que tem várias classes e funções interessantes para cálculo numérico e estatístico com *Python*. Outras formas diferentes de *"import"* serão vistas ao longo do livro, como:

- ```from sklearn.preprocessing import MinMaxScaler```

No comando acima, estamos importando apenas o módulo *"MinMaxScaler"*, de um pacote inteiro de ferramentas.

Finalmente, vamos falar um pouco sobre o *"numpy"*, que é uma biblioteca para cálculos que tem um componente muito importante: O ndarray, uma forma de array multidimensional com muitos métodos interessantes. No caso acima, eu criei um *"ndarray"* usando o método *"linspace"*, que retorna um vetor de valores igualmente espaçados, entre o primeiro e o segundo argumentos, com o tamanho do argumento "num".

Em *Python*, os argumentos de funções e métodos podem ser posicionais ou nomeados, como em Pascal.

Ah, só uma última coisa: a função *"range"*, que serve para utilizamos como controle de iterações com o comando *"for"*. Sua sintaxe é:

```
range([start], stop[, step])
```

Onde:

- start: Valor inicial;
- stop: Valor final (exclusive);
- step: Incremento (pode ser negativo).

"if"

É o comando de tomada de decisão. Sua sintaxe é parecida com qualquer outra linguagem, relembrando que: *Python* não usa parênteses e nem marcadores de bloco:

```
a = 7
b = 5
c = False

if a == 7 and b < 10:
    print('a==7 e b <10')
else:
    print('Contrário')

if c:
    print('c é True')
```

```
elif not c:
      print('c é False')

a==7 e b <10
c é False
```

O "*if*" pode ser complementado por um "*else*" ou por um "*elif*" (else if).

Programação funcional

Em programação funcional, um problema é decomposto em um conjunto de funções, que pegam a entrada e produzem a saída. Mas o importante é que essas funções são todas "*stateless*", ou seja, não armazenam estado interno que possa afetar a saída produzida para determinada entrada. Python tem muitos recursos para lidar com isso:

- **Generators**: Retornam um "*iterator*" sobre uma lista, dicionário, tupla ou até mesmo baseados em uma função. Este *iterador* permite navegar os próximos elementos;
- **List comprehension**: Retorna uma lista a partir de uma função;
- **Lambda**: Cria funções anônimas, que podem ser passadas até como parâmetros.

Uma expressão "***generator***" retorna um "*iterator*", que pode ser utilizado para navegar em uma coleção ou nos resultados de uma função:

```
palavras = ['Este','é','um','texto']

palavras_iterator = (palavra for palavra in palavras)

primeira = next(palavras_iterator)
print('Texto:',primeira)
for x in palavras_iterator:
    print(x)
```

```
Texto: Este
é
um
texto
```

O *generator* é o código: "(palavra for palavra in palavras)", que é uma função anônima, retornando cada palavra da lista "palavras". O *iterator* retornado pode ser utilizado com a função "*next*" ou pode ser utilizado em um *"for"*.

Uma expressão "*list comprehension*" sempre retorna uma lista, baseada em uma função anônima:

```
lista = [x for x in range(1,5)]
print(lista)
texto = "Minha terra tem palmeiras onde canta o sabiá"

lista2 = [palavra for palavra in texto.split(' ')]

print(lista2)

[1, 2, 3, 4]
['Minha', 'terra', 'tem', 'palmeiras', 'onde', 'canta', 'o', 'sabiá']
```

A expressão "*list comprehension*" é "[palavra for palavra in texto.split(' ')]", ou seja, para cada palavra dentro do texto (separado por um espaço), ele a adiciona em uma lista e, no final atribui à variável "lista2".

Finalmente, temos as expressões "lambda", que são mais flexíveis, por exemplo:

```
delta = lambda a,b,c: b**2 - 4*a*c
# x² - 5x + 6 = 0
print(delta(1,-5,6))
```

1

CAPÍTULO 6

Bibliotecas para *Data Science*

Para este capítulo, estou usando o "*notebook*" "*Segundo.ipynb*", que está no repositório do livro, dentro do capítulo 6 (veja a introdução).

Antes de entrarmos nos nossos trabalhos específicos de *Data Science*, falta vermos algumas bibliotecas importantes da linguagem *Python*. Vamos ver um resumo das principais:

- **NumPy** : (http://www.numpy.org/) uma biblioteca para computação científica com *Python*;

- **SciPy**, especialmente o módulo "*stats*": (https://docs.scipy.org/doc/scipy/reference/stats.html) uma biblioteca de funções estatísticas;

- **Pandas**: (http://pandas.pydata.org/) uma biblioteca de classes e funções para análise de dados, com duas classes que usaremos muito: *DataFrame e Series*;

- **Scikit-Learn**: (http://scikit-learn.org/stable/) um pacote completo para *data analysis, data mining e machine learning*.

Nós também usaremos outras bibliotecas e pacotes de software, como o **TensorFlow** (https://www.tensorflow.org/), mas isso será visto em outro capítulo.

6.1 NumPy

Nós usamos muito a classe "*ndarray*", que é um vetor homogêneo multidimensional, que possui uma tupla de índices. Ele já tem muitos métodos interessantes:

```
import numpy as np
pesos = np.array([50.,55.5,53.4,60.10,70.1,81.,65.3])
print('Média:',pesos.mean())
print('Máximo:',pesos.max())
```

```
print('Mínimo:',pesos.min())
```

```
Média: 62.2
Máximo: 81.0
Mínimo: 50.0
```

Porém, a biblioteca **NumPy** tem muito mais funções, por exemplo, podemos gerar um vetor com "*linspace*", como já vimos:

```
pesos = np.linspace(50,60,num=20)
print(pesos)
```

```
[ 50.          50.52631579  51.05263158  51.57894737  52.10526316
  52.63157895  53.15789474  53.68421053  54.21052632  54.73684211
  55.26315789  55.78947368  56.31578947  56.84210526  57.36842105
  57.89473684  58.42105263  58.94736842  59.47368421  60.        ]
```

E podemos fazer operações com nossos *ndarrays:*

```
pesos = np.linspace(50,60,num=20)
print(pesos)
```

```
[ 50.          50.52631579  51.05263158  51.57894737  52.10526316
  52.63157895  53.15789474  53.68421053  54.21052632  54.73684211
  55.26315789  55.78947368  56.31578947  56.84210526  57.36842105
  57.89473684  58.42105263  58.94736842  59.47368421  60.                    ]
valores = np.linspace(1,30,num=20)
print(pesos - valores)
```

```
[ 49.  48.  47.  46.  45.  44.  43.  42.  41.  40.  39.  38.
  37.  36.  35.
  34.  33.  32.  31.  30.]
print(pesos * valores)
```

```
[  50.         127.64542936  206.89750693  287.75623269  370.22160665
   454.29362881  539.97229917  627.25761773  716.14958449
```

```
806.64819945
   898.7534626         992.46537396   1087.78393352   1184.70914127
1283.24099723
  1383.37950139   1485.12465374   1588.47645429   1693.43490305
1800.]
```

Se utilizarmos os operadores "-=", "+=" ou "*=" atualizamos o vetor "*inplace*", ou seja, alteramos a própria origem:

```
pesos -= valores
print(pesos)

[ 49.  48.  47.  46.  45.  44.  43.  42.  41.  40.  39.  38.
  37.  36.  35.
  34.  33.  32.  31.  30.]
```

A biblioteca tem funções bastante interessantes para lidar com os "*ndarrays*", por exemplo, temos várias funções interessantes:

- `np.sum()`: Somatório de um *ndarray*;
- `np.std()`: Desvio padrão de um *ndarray*;
- `np.var()`: Variância de um *ndarray*;

Atenção: Para variância e desvio padrão de amostras, acrescente o parâmetro "delta degrees of freedom" (ddof) com o valor 1:

```
print('variância populacional',np.var(pesos))
print('variância amostral',np.var(pesos,ddof=1))
print('desvio padrão populacional',np.std(pesos))
print('desvio padrão amostral',np.std(pesos,ddof=1))

variância populacional 33.25
variância amostral 35.0
desvio padrão populacional 5.76628129734
desvio padrão amostral 5.9160797831
```

E temos as funções de números aleatórios (numpy.random), que nos permite gerar números individuais ou verdadeiras amostrar aleatórias.

Para começar, podemos gerar números aleatórios rapidamente:

```
np.random.rand()


0.1249144024931208
```

A cada vez que o método *"rand()"* for invocado, outro número será gerado. Se quisermos gerar números aleatórios começando sempre a partir da mesma sequência, podemos usar o método *"seed()"*, passando a raiz do gerador. Desta forma, estamos "viciando" o gerador para recriar sempre as mesmas sequências:

```
np.random.seed(101)
print('Primeiro:',np.random.rand())
print('Segundo:',np.random.rand())
print('Terceiro:',np.random.rand())

Primeiro: 0.5163986277024462
Segundo: 0.5706675868681398
Terceiro: 0.028474226478096942
```

Também podemos gerar *"ndarrays"*:

```
vetor = np.random.rand(2,2)
print('Tipo:',type(vetor))
print(vetor)


Tipo: <class 'numpy.ndarray'>
[[ 0.17152166  0.68527698]
 [ 0.83389686  0.30696622]]
```

Temos um vetor *ndarray* bidimensional, e podemos navegar por seus elementos:

CAPÍTULO 6 Bibliotecas para Data Science • 87

```
print('Primeiro elemento, segunda linha:',vetor[1,0])
# Navegando pela primeira linha
print('Primeira  linha:',[vetor[0,x]  for  x  in  range(vetor.
shape[0])])
# Navegando pela segund coluna
print('Segunda  coluna:',[vetor[x,1]  for  x  in  range(vetor.
shape[1])])

Primeiro elemento, segunda linha: 0.833896862636
Primeira linha: [0.17152165622510307, 0.68527698169731255]
Segunda coluna: [0.68527698169731255, 0.30696621967223781]
```

Usamos uma expressão **List Comprehension** para obter todos os elementos de uma linha e depois de uma coluna:

```
[vetor[0,x] for x in range(vetor.shape[0])]
```

Isto é equivalente a:

```
for x in range(vetor.shape[0]):
      print(vetor[0,x])
```

A propriedade *"shape"* retorna uma tupla com as dimensões do *ndarray:*

```
print(vetor.shape)
print(vetor.shape[0])
print(vetor.shape[1])
(2, 2)
2
2
```

Podemos usar o método *"randn()"* para retornar sequências de números, a partir da distribuição normal

```
seq = np.random.randn(20)
print(seq)
```

```
[ 0.85734924   0.08707633  -0.39746171   1.26168798   0.43333132
 -0.1366137
  0.88213984  -0.37781124   0.1466388    1.26912178   0.30788108
 -0.60680554
  0.91931842  -1.1961184    0.50894522  -0.84843996   2.01079346
 -0.1376097
 -0.59826923   0.02823374]
```

Há muito mais funções do *NumPy*, mas, por enquanto, vamos ficar por aqui.

6.2 SciPy.stats

O *SciPy* é enorme, e vamos usar apenas o módulo *"stats"*, que também é muito vasto. Ele tem algumas funções estatísticas interessantes para nós, por exemplo:

```
import scipy.stats as stats
import numpy as np
seq = np.random.randn(20)
stats.describe(seq)

DescribeResult(nobs=20, minmax=(-1.5834958765988716,
2.0444316667254823), mean=0.29310292070505761,
variance=1.4156066363930992, skewness=0.06000306075912822,
kurtosis=-1.2076003130261384)
```

De uma só vez, temos a estatística descritiva de um vetor (uma amostra) com o método *"describe()"*.

E temos várias outras funções estatísticas importantes:

```
print('Moda',stats.mode(seq))
print('Normal',stats.normaltest(seq))

Moda ModeResult(mode=array([-1.58349588]), count=array([1]))
Normal NormaltestResult(statistic=2.9452527460313984,
pvalue=0.22932240739708529)
```

Essa função *"normaltest"* indica a probabilidade de nossa amostra seguir a distribuição normal padrão. O *"p-valor"* (veremos em outro capítulo) confirma ou não a nossa hipótese. Se ele for menor que 0,05 podemos rejeitar essa hipótese (da nossa amostra seguir a distribuição normal). Neste caso, temos a indicação que nossa amostra segue a distribuição normal padrão, pois 0,22 > 0,05.

Parece complicado, não? E é! Mas veremos com detalhes em outro capítulo.

6.3 Pandas

É uma biblioteca *open source* para análise de dados em *Python*, com alto desempenho e fácil de usar. É um verdadeiro "canivete suíço", e suas estruturas principais como *"DataFrame"* e *"series"*, são muito utilizadas em trabalhos de *Data Science*.

Temos 3 tipos de estruturas de dados no Pandas:

- Series: Um vetor unidimensional homogêneo;
- DataFrame: Uma tabela (bidimensional), rotulada;
- Panel: Uma matriz tridimensional.

```
import pandas as pd
serie = pd.Series([np.random.randn(50)])
print('Série',serie,'Tipo',type(serie))
```

```
Série 0    [0.5490468541, -1.43924130785, -0.390816977878...
dtype: object Tipo <class 'pandas.core.series.Series'>
```

O objeto que trabalhamos mais é o *DataFrame*, já que pode representar um *dataset* completo, com linhas e colunas:

```
df = pd.DataFrame({'Idade': np.random.
randint(20,high=60,size=100),
                  'Altura': 1 + np.random.rand(100)})
df.head()
```

	Altura	Idade
0	1.664690	52
1	1.820695	28
2	1.565143	22
3	1.426410	44
4	1.769391	25

O método *"head()"* lista as 5 primeiras linhas. O método *"describe()"* mostra algumas métricas sobre a série:

```
df.describe()
```

	Altura	Idade
count	100.000000	100.000000
mean	1.489615	38.800000
std	0.279131	11.574092
min	1.014142	20.000000
25%	1.278550	29.000000
50%	1.458853	37.500000
75%	1.743263	49.000000
max	1.978668	59.000000

Percentil

Uma coisa interessante sobre o método *"describe()"* é que ele mostra os percentis, que são a divisão de uma amostra em percentuais. Por exemplo, a tabela anterior diz que:

- 25% dos elementos são inferiores a 1,27 m e 29 kg;
- Metade dos elementos são inferiores a 1,45 m e 37,5 kg;
- 75% dos elementos são inferiores a 1,74 m e 49 kg.

Lidando com um DataFrame

Podemos extrair várias informações diferentes de um *DataFrame*, por exemplo, suas colunas:

```
df.columns

Index(['Altura', 'Idade'], dtype='object')
```

E seus valores:

```
df.values

array([[ 1.66469006, 52.        ],
       [ 1.82069515, 28.        ],
       [ 1.56514344, 22.        ],
       [ 1.42641025, 44.        ],
       [ 1.76939141, 25.        ],
       [ 1.80020096, 41.        ],
       [ 1.34514445, 26.        ],...
```

Podemos transpor um *DataFrame*, como se fosse uma matriz, por exemplo:

```
df.T

              0         1         2         3         4         5         6         7         8
9        ...        90        91        92        93        94        95        96        97
98       99
Altura    1.66469   1.820695  1.565143  1.42641
1.769391  1.800201  1.345144  1.404554  1.573198
1.634519      ...  1.873122  1.978668  1.029857
1.48012   1.753943  1.739077  1.028305  1.180037
1.202209  1.213153
Idade   52.00000  28.000000 22.000000 44.00000
25.000000 41.000000 26.000000 41.000000 27.000000
23.000000      ... 31.000000 30.000000 54.000000
```

```
43.00000      49.000000     57.000000     33.000000     59.000000
57.000000     31.000000
```

2 rows × 100 columns

Podemos "fatiar" um *DataFrame*, retirando colunas (projeção):

```
serie = df['Altura']
print(type(serie))
serie.head()

<class 'pandas.core.series.Series'>
0    1.664690
1    1.820695
2    1.565143
3    1.426410
4    1.769391
Name: Altura, dtype: float64
```

E podemos "fatiar" um *DataFrame* selecionando linhas (seleção):

```
df[(df.Idade > 35) & (df.Idade <= 40)]
```

	Altura	Idade
10	1.385037	36
16	1.444944	36
29	1.885413	37
36	1.325379	39
42	1.416322	40
46	1.292808	40
48	1.960498	39
51	1.160813	40
52	1.966886	37
53	1.945940	38

CAPÍTULO 6 Bibliotecas para Data Science • 93

	Altura	Idade
66	1.365199	40
68	1.601993	36
85	1.949073	36

Finalmente, uma das maiores utilidades de um *DataFrame* é carregar dados externos, como: arquivos CSV, JSON etc.

Format Type	Data Description	Reader	Writer
text	CSV	read_csv	to_csv
text	JSON	read_json	to_json
text	HTML	read_html	to_html
text	Local clipboard	read_clipboard	to_clipboard
binary	MS Excel	read_excel	to_excel
binary	HDF5 Format	read_hdf	to_hdf
binary	Feather Format	read_feather	to_feather
binary	Msgpack	read_msgpack	to_msgpack
binary	Stata	read_stata	to_stata
binary	SAS	read_sas	
binary	Python Pickle Format	read_pickle	to_pickle
SQL	SQL	read_sql	to_sql
SQL	Google Big Query	read_gbq	to_gbq

Temos estas funções que permitem ler dados em vários formatos. Um dos mais utilizados em *datasets* é o CSV – *Comma Separated Value* (Valores separados por vírgulas), que pode ser importado e exportado pela maioria dos softwares, como *LibreOffice e MS Excel*. Vamos a um exemplo:

Arquivo "*mod-preditivo.csv*", dentro do repositório do capítulo 6 (veja a introdução do livro):

```
Pesos,Alturas
74,1.73
```

```
61,1.61
61,1.61
68,1.67
70,1.69
...

modelo_df = pd.read_csv('mod-preditivo.csv')
modelo_df.head()
```

	Pesos	Alturas
0	74	1.73
1	61	1.61
2	61	1.61
3	68	1.67
4	70	1.69

Eu gostaria de chamar a sua atenção para um detalhe importante: Vírgula versus Ponto decimal. No Brasil, usamos a vírgula como separador de decimais, mas na programação, usamos o ponto. Se você exportar dados de planilha, terá que dar um jeito para conseguir processá-los dentro do seu "notebook" *Python*.

Veja o que acontece se você tentar exportar uma planilha contendo um número real:

```
Pesos,Alturas
74,"1,73"
61,"1,61"
61,"1,61"
68,"1,67"
70,"1,69"
73,"1,75"
67,"1,67"
```

Isto acontece por causa da vírgula. Para podermos ler corretamente este arquivo, usamos um argumento do método "read_csv()":

```
mod2_df = pd.read_csv('pesos-alturas.csv',decimal=',')
mod2_df.info()

<class 'pandas.core.frame.DataFrame'>
RangeIndex: 29 entries, 0 to 28
Data columns (total 2 columns):
Pesos      29 non-null int64
Alturas    29 non-null float64
dtypes: float64(1), int64(1)
memory usage: 544.0 bytes
mod2_df.head()
```

	Pesos	Alturas
0	74	1.73
1	61	1.61
2	61	1.61
3	68	1.67
4	70	1.69

Existem alguns formatos CSV em que o separador decimal é o ponto-e-vírgula, neste caso, usamos o parâmetro delimiter=";" dentro do "read_csv()".

Também temos métodos para calcular variância e desvio em *DataFrames*: ".var()" e ".std()". Eles calculam, respectivamente, a variância e o desvio de cada coluna numérica. Porém, eles calculam de forma amostral por default!

Atenção: Em um DataFrame, os métodos "var()" e "std()" calculam usando "ddof=1" por default! Este comportamento é o oposto dos métodos correspondentes do NumPy!

```
# Atenção para variância e desvio padrão
print('variância',df.var()) # O ddof default é 1, então é o
contrário do numpy!
print('variância pupulacional',df.var(ddof=0))
print('variância',df.std()) # O ddof default é 1, então é o
contrário do numpy!
```

```
print('variância pupulacional',df.std(ddof=0))

variância Altura        0.087798
Idade        127.351414
dtype: float64
variância pupulacional Altura       0.08692
Idade        126.07790
dtype: float64
variância Altura        0.296308
Idade        11.285008
dtype: float64
variância pupulacional Altura       0.294823
Idade        11.228442
```

6.1.4 Scikit-learn

É uma biblioteca para aprendizado de máquina ("machine learning") em *Python*. Podemos acessá-la em: http://scikit-learn.org.

Essa biblioteca nos auxilia a trabalhar com problemas de:

- Classificação: Predizer a categoria em que um elemento se encaixa;
- Regressão: Predizer um valor contínuo associado a um elemento;
- Clustering (agrupamento): Agrupar nossos elementos automaticamente;
- Redução dimensional: Reduzir a quantidade de variáveis aleatórias da amostra;
- Seleção de modelos: Comparar, validar e parametrizar modelos estatísticos;
- Preprosessamento: Preprocessar os dados, preparando-os para as análises.

Exemplo de regressão linear

Ainda não mostrei em detalhes o modelo de regressão linear, mas nós já vimos alguma coisa na introdução deste livro. Agora, vamos ver como faríamos usando o *Scikit-learn*.

CAPÍTULO 6 Bibliotecas para Data Science • 97

Para começar, eu gerei um *dataset* com 300 linhas de pesos e alturas. Dentro do notebook deste capítulo ("*Segundo.ipynb*") tem todo o processo.

Importamos alguns módulos interessantes:

```
import pandas as pd
import matplotlib.pyplot as plt
from sklearn import linear_model
from sklearn.metrics import mean_squared_error, r2_score
from sklearn.model_selection import train_test_split
%matplotlib inline
```

- "*linear_model*": Contém o modelo de regressão linear do *Scikit-learn*, que vamos utilizar;
- "*mean_squared_error*": Média dos quadrados das diferenças (entre cada valor e a média). Uma medida do erro de um modelo;
- "*r2_score*": O coeficiente de determinação do modelo de regressão linear;

Para começar, importamos o *dataset*:

```
dados_df = pd.read_csv('pesos-alturas.csv',decimal=',')
```

Lembre-se que os dados estão no formato Brasileiro, logo, precisamos ajustar a vírgula decimal.

Depois, rodamos algumas estatísticas e plotamos um histograma das variáveis:

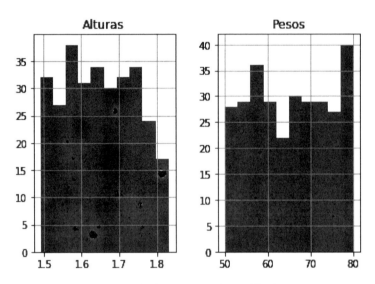

Figura 28: Histogramas das variáveis

A altura é a nossa variável aleatória independente, que é contínua. O peso é a nossa variável dependente, que, neste caso é discreta, mas poderia ser contínua.

O modelo de regressão deve ser "treinado", ou seja, não vamos usar uma solução de forma fechada, mas uma heurística para descobrir quais são os melhores parâmetros para a nossa reta (coeficiente angular e coeficiente linear).

Para evitar a criação de um modelo "viciado", nós separamos uma parte dos dados para teste do modelo. E o resto, utilizamos para "treinar" o modelo. O *Scikit-learn* tem uma função ótima para isso:

```
X_train, X_test, y_train, y_test =train_test_split(dados_
df[['Alturas']],dados_df[['Pesos']],
test_size=0.33)
```

Em *Python*, uma função pode retornar mais de um valor e esta função faz exatamente isso. Ela retorna:

- Vetor de variáveis independentes de treino (X_train);

- Vetor de variáveis independentes para teste (X_test);
- Vetor de variáveis dependentes (ou rótulos) para treino (y_train);
- Vetor de variáveis dependentes (ou rótulos) para teste (y_test).

O parâmetro *"test_size"* indica o percentual dos dados que desejamos separar para teste (neste caso, 33%).

Note a sintaxe que usamos para indicar as colunas do *dataset:*

- df[['Alturas']]: Com colchetes duplos, indicando que queremos um *DataFrame*, e não uma "series". Esta é a nossa variável "X";

- df[['Pesos']]: Igualmente com colchetes duplos, indicando que queremos um *DataFrame*, e não uma "series". Esta é a nossa variável "y".

Agora, vamos "treinar" o modelo:

```
modelo = linear_model.LinearRegression()
modelo.fit(X_train, y_train)
```

O método "fit" calcula os coeficientes utilizando as variáveis que separamos para "treino". Agora, vamos testar o modelo, fazendo previsões com os dados de teste:

```
predicoes = modelo.predict(X_test)
```

E vamos avaliar o coeficiente de determinação, para saber como nosso modelo se saiu nas predições:

```
print(r2_score(y_test,predicoes))

0.978676447099
```

Conseguimos acertar em 97%, logo, o modelo parece bom. Vamos dar uma olhada?

```
plt.scatter(X_train, y_train, color='blue',s=10)
```

```
plt.plot(X_test, predicoes, color='red', linewidth=3)
```

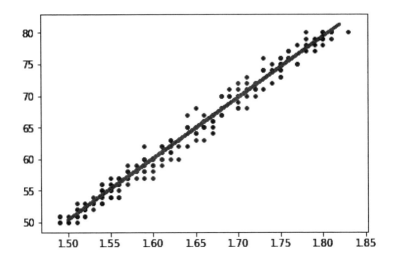

Figura 29: Dados originais e a nossa predição

CAPÍTULO 7

Técnicas de Data Science aplicadas

Bem, a esta altura do livro, você pode estar um pouco confuso com a quantidade de coisas que vimos até agora. É o momento de ver quais são as principais técnicas de *Data Science* e como as aplicamos nos nossos problemas, sejam eles de negócios ou de pesquisa científica.

Vamos recordar aquela figura que eu apresentei no capítulo 2.

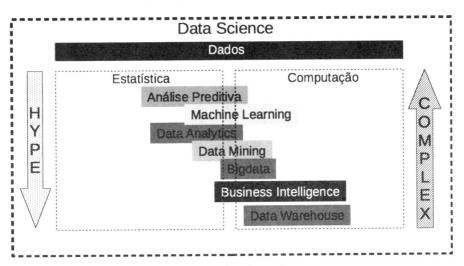

Figura 30: Data science hype

O trabalho de Data Science é, na verdade, a colaboração de diversas áreas e profissionais, produzindo análises e modelos preditivos.

Por exemplo, temos um conceito um pouco mais antigo que é o de *BI – Business Intelligence*, cujo objetivo é fornecer informações importantes sobre o desempenho de um negócio, com base em seu histórico de transações. Segundo esse conceito, o BI observa o passado para tentar melhorar o futuro.

102 • Data Science para programadores

Mas nós já vimos isso no capítulo 2.

O que precisamos ver agora é como as técnicas de *Data Science* podem ser aplicadas às questões da realidade.

7.1 O universo de técnicas de Data Science

Realmente, há um conjunto enorme de técnicas de Data Science, em vários domínios do conhecimento, e é difícil modelar quais seriam eles, ou como se relacionam.

Um artigo muito interessante, com um infográfico mais interessante ainda, foi criado por *Swami Chandrasekaran*, em seu blog: "*Pragmatic Perspectives*" (http://nirvacana.com/thoughts/becoming-a-data-scientist/):

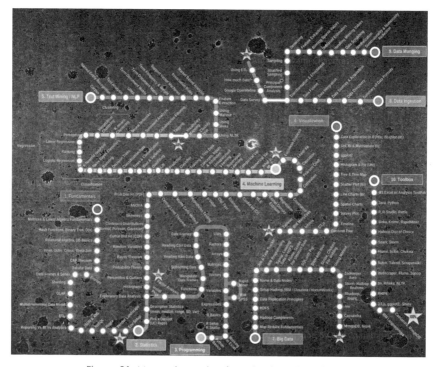

Figura 31: Mapa do conhecimento de Data Science

Se a imagem estiver muito pequena, sugiro ver em tamanho original: http://nirvacana.com/thoughts/wp-content/uploads/2013/07/RoadToDataScientist1.png

Neste capítulo veremos algumas das técnicas mais relevantes com exemplos de aplicação.

7.2 Estudo de distribuições

Esta é uma técnica que estuda os fenômenos, com base na distribuição de probabilidades de suas variáveis aleatórias. Coletar amostras e estudar qual é a distribuição de probabilidades que melhor os descrevem, é uma aplicação importantíssima de *Data Science*.

Vamos ver alguns exemplos:

- Estudar a variação de papéis na Bolsa de valores;
- Estudar a probabilidade de falhas em equipamentos de Tecnologia da informação;
- Estudar as ocorrências de câncer de mama em determinada população.

Saber se determinada amostra se enquadra em determinada distribuição ajuda a confirmar uma hipótese e, posteriormente, tomar decisões.

As técnicas mais utilizadas para estudar distribuições são:

- Ajuste de curvas (curve fitting): É o processo de construir uma curva que melhor se encaixe nos pontos de uma série de dados;

- Distribuições de probabilidade: Modelos estatísticos de variáveis aleatórias sejam discretas ou contínuas;

- Testes de distribuições: Avaliam se a amostra (ou sua função) se encaixa em uma distribuição. Exemplos: Kolmogorov – Smirnov, Pearson, entre outros.

No capítulo passado, utilizamos uma função do pacote *"Scipy.stats"*, chamada: *"normaltest()"* para avaliar se nossa amostra se encaixava na distribuição normal:

```
print('Normal',stats.normaltest(nseq))
```

7.3 Estudo de correlação

Visa entender o relacionamento entre duas variáveis aleatórias, seja ele correlação, dependência ou associação.

Como explicamos no capítulo 3, a correlação é algo perigoso e pode gerar uma "falácia causal", na qual assumimos que a correlação entre duas variáveis implica relação de causa e efeito.

Vamos a um exemplo: As alturas e pesos das crianças de determinada comunidade.

O objetivo de um estudo destes é buscar a correlação entre duas variáveis aleatórias, representando fenômenos observados. Neste estudo, usamos técnicas diversas, entre elas:

- Coeficiente de correlação de Pearson, que estuda a medida e o sentido em que duas variáveis aleatórias se associam linearmente;

- Correlação de postos de *Spearman (Spearman rank correlation) mede* a relação entre variáveis de forma não linear;

- Coeficiente de determinação (R2), que mede a proporção da variância na variável dependente é predizível pela variável independente;

7.4 Análise de regressão

Análise de regressão é uma técnica que permite estudar o relacionamento entre duas ou mais variáveis, criando um modelo explicativo desse relacionamento. Uma variável é chamada de "dependente", e é o alvo da análise, as outras são chamadas de "independentes".

O objetivo da regressão é chegar a um modelo que retorne o valor (contínuo) de uma variável aleatória dependente, baseado nas variáveis independentes. Para isto, é preciso calcular a sua equação.

A regressão pode ser **linear simples**, se queremos estudar a relação de uma variável dependente e uma variável independente, como vimos no capítulo anterior. Agora, se queremos estudar o relacionamento de uma variável dependente com múltiplas variáveis independentes, então temos uma **regressão linear múltipla** (ou multivariada).

A regressão também pode ser não linear, se a dependência seguir outro tipo de curva (exponencial, trigonométrica, etc.)

As técnicas utilizadas são:

- Método dos mínimos quadrados, que é uma técnica de otimização para encontrar os parâmetros que melhor resultado proporciona ao modelo;
- Coeficiente de determinação (já vimos);
- Teste de significância dos coeficientes: Testamos os coeficientes das variáveis independentes que são significativamente diferentes de zero.

7.5 Classificação

Classificação é uma técnica que procura um modelo para classificar elementos de amostras. Em outras palavras, é um modelo que permite saber se um elemento pertence a uma classe. Se existirem apenas duas classes (sim/não, verdadeiro/falso), então é uma questão de **classificação binária**.

Classificação já entra um pouco na área conhecida como: Aprendizado de máquina (ou "Machine Learning"), que são técnicas baseadas em otimizações de parâmetros. Neste tipo de técnica, usamos uma parte dos dados para "treinar" o modelo e outra para testá-lo.

Exemplos de problemas de classificação:

- Um e-mail é "spam"? (binária);

- Qual é o número representado em uma imagem (multi classe);

Existem várias técnicas para problemas de classificação, como:

- Regressão logística: É uma técnica de regressão que produz um modelo capaz de prever dois valores: 0 e 1;

- Support Vector Machine: Uma técnica que utiliza diversos algoritmos, sendo capaz de fazer classificações lineares ou não;

- Árvores de decisão (Decision trees): É uma técnica que modela os possíveis valores (rótulos) que um item pode ter, e a conjunção dos fatores que levam a estes valores;

- Redes neurais (ANN): Modelam a maneira como o cérebro funciona, com camadas de "neurônios", com funções de ativação.

7.6 Agrupamentos (cluster analysis)

Esta é uma parte bem interessante do trabalho de Data Science e permite classificarmos os elementos de uma amostra em grupos de características similares. Isso é feito sem treinamento, logo, são problemas chamados de "***unsupervised machine learning***" (aprendizado de máquina não supervisionado). Em outras palavras, não "treinaremos" nosso modelo, e ele terá que agir com base nos dados reais.

Problemas típicos de agrupamento incluem:

- Classificação de consumidores para entender a segmentação do Mercado;
- Redes sociais, para entender grupos de pessoas com mesmas características;
- Processamento de imagens, para reconhecer objetos;
- Medicina de imagem, para reconhecer diferenças entre os tecidos.

E as técnicas típicas de agrupamentos são:

- **k-means**: divide "n" observações em "k" grupos, nos quais cada observação "pertence" ao grupo com a média mais próxima;

DBSCAN (Density-based spatial clustering of applications with noise): É um algoritmo baseado em densidade, que agrupa os pontos que estão próximos;

CAPÍTULO 8

Inferência estatística

Para este capítulo, os exemplos estão no "notebook": "inferência", dentro do repositório, no capítulo 8 (consulte a introdução do livro).

Calma! Eu sei que o título parece assustador, porém, na verdade, estamos mais acostumados com inferências estatísticas do que você pensa. Vemos isso quase todo dia, seja na mídia impressa ou falada.

Precisamos conceituar um pouco as coisas porque você usará inferência em seus trabalhos de Data Science.

Procurarei ser o mais simples possível, afinal de contas, este não é um trabalho acadêmico.

Sempre que possível, mostrarei diretamente como se faz em Python, logo, você terá uma referência para consultar mais tarde.

Relaxe e procure entender a ideia geral.

8.1 Estimar uma população com base em uma amostra

Estimar parâmetros (média, desvio etc.) de uma população, com base em uma amostra. Isso é perigoso, mas é o que a inferência estatística faz.

Estamos estudando e aplicando probabilidades, logo, fazer afirmações é algo extremamente perigoso, podendo levar pessoas e empresas a cometerem enganos terríveis. Quer um exemplo?

"Ovos fazem mal à saúde"

Quantas vezes ouviu esta afirmação? Certamente com algumas "comprovações" científicas, certo? Porém, de um tempo para cá, as pesquisas mudaram... Agora, ovos deixaram de ser os vilões e podem até fazer bem à sua saúde. Fato igualmente confirmado por pesquisas científicas.

Na minha opinião, muitas pesquisas "científicas" carecem de rigor matemático e de aplicação de técnicas estatísticas corretas, levando os pesquisadores a fazer afirmações com pouca ou nenhuma evidência estatística.

Vamos a um pequeno exemplo, para podermos entender:

Em determinada cidade, a prefeitura disse que as famílias ali residentes teriam, em média, 2 filhos em idade escolar.

Como eles chegaram a este número? Fizeram uma pesquisa? Qual foi o tamanho da amostra? Qual a confiança que temos que essa média é representativa?

Para confirmar ou rejeitar essa afirmação, precisamos fazer um estudo estatístico, e utilizar a inferência para estimar o parâmetro: "média" da quantidade de filhos em idade escolar por família residente na cidade.

Os passos seriam:

1. Coletar uma amostra significativa de quantidade de filhos em idade escolar por família;
2. Calcular uma "estimativa pontual" da média e do desvio padrão amostral;
3. Verificar o intervalo de confiança;
4. Calcular a margem de erro;
5. Verificar se a estimativa inicial (2 filhos por família) se encaixa nessa margem.

Assim, utilizando inferência, podemos verificar o quão perto ou distante da média real a estimativa da Prefeitura está.

Vamos dizer que coletamos dados de 50 residências, espalhadas igualmente pela cidade:

```
[3, 2, 2, 2, 1, 2, 2, 2, 2, 3, 1, 2, 1, 2, 2, 0, 1, 2, 2, 1, 2,
1, 1,
```

        2, 2, 3, 2, 1, 2, 3, 4, 1, 1, 2, 1, 1, 1, 2, 3, 0, 2, 2,
1, 2, 3, 3,
        2, 2, 3, 2]

Cada número representa a quantidade de filhos em idade escolar de uma família.

A estatística descritiva dessa amostra é:

```
print('Média:',amostra.mean())
print('Desvio amostral:',amostra.std(ddof=1))

Média: 1.84
Desvio amostral: 0.817162836919
```

Para inferirmos um parâmetro da população, como a média, precisaremos supor uma distribuição de probabilidades, para utilizarmos como modelo estatístico da população. De acordo com o Teorema Central do Limite, em amostras grandes a distribuição de probabilidades se aproxima da normal. Podemos usar a distribuição normal se soubermos a variância da população, o que geralmente desconhecemos, então, usamos a distribuição T de Student.

Para simplificar, neste primeiro exemplo, vou usar a distribuição normal, porém, como a variância da população é desconhecida, o mais correto seria utilizar a distribuição T de Student.

Agora, vamos estabelecer um intervalo de confiança para a estimativa da média. Podemos usar 90%, 95% ou 99%, por exemplo. Vou optar por 95%. Então, eu tenho que calcular a área na distribuição normal, onde a média deixa de ser válida, que seria: 0,025, para ambos os lados.

Preciso encontrar os pontos no eixo x (z-scores) que delimitam essas áreas. Eles seriam: -1,95996398454 e 1,95996398454. Você pode procurar em qualquer tabela de distribuição normal, ou usar o seguinte código Python:

```
import scipy.stats as stats
z1 = stats.norm.ppf(.025)
```

```
z2 = stats.norm.ppf(.975)
```

Temos que "pular" 25% da esquerda e ir até 97,5%, deixando os últimos 25% livres. Estes dois pontos delimitam o intervalo de confiança de 95%. Para outros níveis de confiança use:

- 90%: Pulamos 5% (0,05) da esquerda e pegamos até 95% (0,95);
- 99%: Pulamos meio por cento (0,005) e pegamos até 99,05% (0,995);

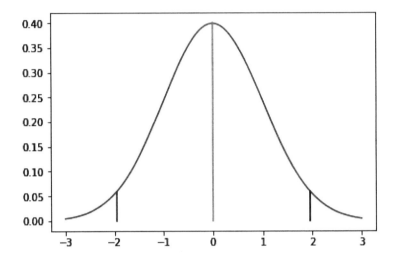

Figura 32: Áreas de exclusão na distribuição normal padrão

Se a média estiver antes da primeira linha vertical no gráfico, ou depois da terceira linha vertical, então há algum erro. Se estiver entre as duas linhas verticais das pontas, então está dentro do intervalo de confiança.

A margem de erro seria calculada a partir destes pontos (-1,95996398454 e 1,95996398454), que daria: **0,22650182016**. Então, temos o intervalo de confiança subtraindo e somando essa margem à média da amostra: entre **1,61349817984 e 2,06650182016**.

A margem de erro é calculada pela fórmula:

$$E = Z_c \frac{\sigma}{\sqrt{n}}$$

Podemos usar o desvio padrão da amostra, caso não saibamos o desvio da população (sigma), então:

margem = 1,95996398454 * (0,817162836919 / $\sqrt{50}$)) = 0,22650182016.

Valor menor = média – 0,227, valor maior = média + 0,227.

O que concluímos? Que a estimativa original de **2** filhos por família, assim como a média amostral de 1,84 filhos por família, se encaixam na nossa inferência estatística, com intervalo de confiança de 95% e margem de erro de 0,227.

Podemos afirmar, com 95% de certeza e margem de erro de 0,227, que a média de filhos em idade escolar por família está entre 1,61349817984 e 2,06650182016.

Nós inferimos isto através de uma amostra da população e comparamos com uma distribuição normal padrão.

Sei que neste exemplo foram utilizadas técnicas que ainda não vimos, mas você teve uma ideia geral do que seria um trabalho de inferência estatística. Agora, vamos ver em detalhes.

7.2 Tamanho da amostra e o teorema central do limite

Por que escolhemos 50 famílias no exemplo anterior? Não bastariam 20? Isto tem a ver com o teorema central do limite. Este teorema diz que quando o tamanho de uma amostra é grande o suficiente, a distribuição de probabilidades do fenômeno que ela representa se aproximaria da distribuição normal.

Há uma esperança de que amostras com tamanho maior ou igual a 30 tenderiam a seguir a distribuição normal.

E isso nos ajuda em quê?

Simples: podemos fazer inferências sem conhecermos a distribuição de probabilidades real do fenômeno.

Podemos usar a distribuição normal padrão (média zero e desvio padrão 1) como uma aproximação.

7.3 Intervalo de confiança

Temos um parâmetro da população, por exemplo, a média. Não sabemos a média real da população, então, como podemos estimar estatisticamente?

Primeiro, selecionamos uma amostra. Depois, estabelecemos o **nível de confiança** que queremos ter. Este nível indica a probabilidade de que o valor real do parâmetro esteja dentro de um intervalo que calcularemos.

Os níveis de confiança mais utilizados são: 90%, 95% e 99%. Representam a área (debaixo do "sino" da distribuição) na qual o parâmetro deve ser encontrado.

Estes níveis de confiança serão mapeados na distribuição normal padrão. Afinal de contas, se nossa amostra tem tamanho maior ou igual a 30, podemos estimar que sua distribuição seja normal, a não ser que tenhamos certeza que a distribuição seja diferente.

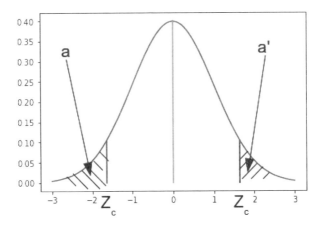

Figura 33: Intervalo de confiança

Na figura acima, vemos uma distribuição normal padrão (média zero e desvio padrão 1), e vemos duas áreas (a e a'), localizadas nas pontas extremas. Se a média estiver dentro de alguma dessas áreas, então está fora do intervalo de confiança. Esperamos que a média esteja na área central da distribuição.

Para calcular os pontos no eixo "x", que são conhecidos como "z-scores" (desvios padrões a partir da média), usamos uma tabela de distribuição normal.

Vamos supor que queiramos 95% de confiança, então, temos que calcular as áreas *a* e *a'*, lembrando que a área total sob o "sino" da distribuição tem o valor de 1. Se quisermos calcular a área que corresponde a 95% de probabilidade (no meio) podemos pegar as áreas dos extremos. Cada área de cada extremo é calculada subtraindo-se 95% de 1, como temos que dividir em metades, usamos a fórmula:

$$a = \frac{(1 - \text{nível})}{2}$$

Calculando, temos *a* e *a'* = 0,025 cada uma. Para saber os pontos Z_c (os z-scores) temos duas opções:

1. Buscamos a área em uma tabela da distribuição normal padrão (existem várias na internet);
2. Calculamos com Python.

Considerando um intervalo de confiança de 95%, podemos obter os valores críticos de Z com uma função Python.

Como vamos utilizar Python, é melhor irmos "nos acostumando". A biblioteca Scipy.stats tem a função "norm.ppf()" que já calcula diretamente o z-score:

```
print('z-score',stats.norm.ppf(.975))

z-score 1.95996398454
```

Os pontos Z_c, para 95%, serão, respectivamente: -1,95996398454 e 1,95996398454.

7.4 Margem de erro

Agora, precisamos calcular a margem de erro. Esta margem é correspondente ao intervalo de confiança que desejamos e representa o erro amostral. Para calculá-la podemos calcular com a fórmula:

$$E = \frac{Z_c * \sigma}{\sqrt{n}}$$

Não temos o desvio padrão da população (sigma), mas, como nossa amostra é maior que 30, podemos usar o da própria amostra (na verdade, estamos usando o "erro padrão", em vez de desvio padrão).

Por exemplo, sabendo que $Zc = 1,960$, $s = 0.82$ e $n = 50$, a margem de erro é: 0,23.

Finalmente, podemos calcular o limite inferior e o limite superior do nosso intervalo de confiança: média +- margem de erro.

7.5 Estatística T

Quando a variância da população é desconhecida e usamos a variância amostral, ou quando temos um tamanho de amostra pequeno (menor que 30 elementos), usamos a distribuição **T de Student** como aproximação da distribuição de probabilidades do fenômeno.

A distribuição T de Student introduz um novo conceito: Graus de liberdade, que é a quantidade de observações independentes de um fenômeno contidas em uma amostra. É calculado como o tamanho da amostra menos 1.

Podemos seguir o mesmo raciocínio que usamos com a distribuição normal, só que agora, os "z-scores" serão chamados de "t-scores" e temos que considerar os graus de liberdade da amostra.

Vamos imaginar o mesmo exemplo anterior (da quantidade de filhos por família em idade escolar), só que diminuindo a amostra para 12 famílias, será que a média continuará sendo considerada válida?

- Tamanho = 50;
- Média = 1,84;
- Desvio = 0,82;
- Graus de liberdade = 49 (tamanho da amostra menos 1);
- Nível de confiança = 95%
- T_c = +- 2,00957523449
- Margem de erro = 0,232235108375;
- Intervalo = 1,60776489162 e 2,07223510838

Sempre que não soubermos a variância da população (a maioria das vezes), independentemente do tamanho da amostra, é recomendável usar a distribuição T de Student, como aproximação da distribuição normal.

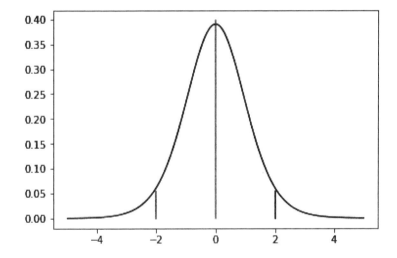

Figura 34: Distribuição T de Student com nossos

Em Python podemos calcular os t-scores assim:

```
tc = abs(stats.t.ppf(0.05/2, df=49))
```

A função "ppf" para 0.025 com 49 graus de liberdade retorna:

```
2,00957523449
```

E podemos obter a probabilidade de cada t-score assim:

```
tc1 = stats.t.pdf(-tc,df=49)
tc2 = stats.t.pdf(tc,df=49)
```

O parâmetro "df" significa "degrees of freedom" ou graus de liberdade.

7.6 Inferindo sobre o desvio padrão

Vimos que na inferência estatística podemos estimar parâmetros da população com base em uma amostra. Vimos como fazer isso com a média, e como fazer com o desvio padrão? Para isso, usamos outra distribuição, chamada de "**qui-quadrado**" ou "**chi-squared**".

Vamos pegar nosso exemplo original (filhos em idade escolar por família):

```
[3, 2, 2, 2, 1, 2, 2, 2, 2, 3, 1, 2, 1, 2, 2, 0, 1, 2, 2, 1, 2,
1, 1,
     2, 2, 3, 2, 1, 2, 3, 4, 1, 1, 2, 1, 1, 1, 2, 3, 0, 2, 2,
1, 2, 3, 3,
     2, 2, 3, 2]
```

O raciocínio é muito parecido. Os parâmetros de nossa amostra são:

```
Média: 1.84 Desvio: 0.808949936646
```

Vamos supor que a prefeitura afirme que o desvio é de 0,80, porém, o desvio encontrado em nossa amostra é de 0,81. Será que a afirmação da prefeitura tem suporte nas evidências estatísticas?

Vamos calcular um intervalo de confiança para o desvio padrão. Para começar, a distribuição qui-quadrado também tem o conceito de graus de liberdade. No nosso caso, são 49 graus de liberdade.

Temos um α (alfa) de 0,05, logo, precisamos saber qual é o valor crítico de chi para este limite (χ^2_0). Podemos utilizar uma função da biblioteca "stats" para isto:

```
alfa = 0.05
n = 50
sigma = 0.8
s = 0.81
chi2_limite = stats.chi2.isf(q=0.05, df=(n-1))
print('chi2_limite',chi2_limite)

chi2_limite 66.338648863
```

A função "stats.chi2.isf" calcula o valor de chi dado um valor de alfa (significância ou 95% de confiança) e um valor para os graus de liberdade.

Para converter uma variância em valor de chi, podemos usar a fórmula:

$$\chi 2 = \frac{(n-1)s^2}{\sigma^2}$$

Agora, podemos calcular qual seria o valor de chi para a variância da nossa amostra (s^2):

```
chi2 = ((n-1)*s**2) / sigma**2
print('chi2',chi2)

chi2 50.23265625
```

Como o valor de chi2 correspondente à nossa variância está abaixo do limite, podemos afirmar que o desvio está dentro do esperado.

7.6 Testes de hipóteses

Teste de hipótese é uma formalização do que vimos anteriormente. Na verdade, podemos definir como uma afirmação ou conjectura sobre um parâmetro (ou parâmetros) da distribuição de probabilidades de característica de um fenômeno (ou variável aleatória).

Tudo fica melhor com um exemplo, não? Então, vamos lá...

Uma fábrica de laticínios vende peças de queijo pelo menos 60 kg (em média) cada uma, com pouca variação. A fábrica lhe contratou para validar estatisticamente este parâmetro (peso), pois havia reclamações que, em alguns lotes, havia peças com peso bem menor que o especificado. Como você faria isso? Você poderia pegar um lote, aleatoriamente, e verificar estatisticamente.

Vamos pensar que temos duas hipóteses:

- Os queijos pesam 60kg;
- Os queijos pesam menos que 60kg.

Quando falamos sobre testes de hipótese, há sempre uma hipótese que desejamos testar, e fazemos buscando observações que nos permitam rejeitá-la. Atenção: não se trata de semântica:

Devemos buscar evidências que nos permitam rejeitar a hipótese que desejamos testar!

Por que não buscar evidências que comprovem que nossa hipótese seja verdadeira? Simples: estamos falando de probabilidades, ou seja, por mais provas que você possa apresentar para validar uma hipótese, há sempre uma probabilidade dela se revelar falsa.

Esta abordagem, de buscar evidências que permitam comprovar que uma hipótese é rejeitável, está no cerne da filosofia científica, e foi proposta por **Karl Popper,** em 1930, como a propriedade da falseabilidade.

Bem, voltando ao teste de hipótese, temos geralmente duas hipóteses antagônicas, e a rejeição de uma implica a não rejeição da outra. Chamamos a hipótese principal de "nula", ou "H_0", e a antagônica de "alternativa" ou "H_1". Em nosso caso:

- H0: Todos os queijos têm peso médio maior ou igual a 60 kg;
- H1: Há queijo(s) com peso **significativamente** menores.

Poderíamos inverter, considerando H1 como a hipótese nula, certo? Depende do que queremos rejeitar... Queremos rejeitar o fato de haver muita variância na média dos pesos ou queremos rejeitar o fato de haver pouca variância?

Precisamos pesar os queijos da amostra e calcular alguns parâmetros amostrais:

```
lote = np.array([58.5, 60.1, 60.02, 57.4, 60.3, 55.4, 58.2,
59.8, 54.3, 60.4,         60.7, 60.1, 55.6, 57.1, 60.0,
                 60.7, 60.3, 56.7,  57.9, 59.01])

print(len(lote))

20

print('Média',lote.mean(),'Desvio',lote.std(ddof=1))

Média 58.6265 Desvio 1.96817381293
```

Podemos cometer 2 tipos de erro com esse problema, e precisamos, de alguma forma, estabelecer limites para esses erros:

- Erro **tipo I**: rejeitar a hipótese nula, mesmo sendo verdadeira;
- Erro **tipo II**: falhar em rejeitar a hipótese nula, mesmo com evidências.

Temos que estabelecer limites para rejeição da hipótese nula, como fizemos no estudo de intervalos de confiança. Para começar, temos que ver qual teste iremos usar:

- **Teste Z:** Baseado na distribuição normal (teorema do limite central);

- **Teste T**: Baseado na distribuição T de Student (para amostras menores que 30 elementos ou variância da população desconhecida).

Neste caso, temos 20 elementos e desconhecemos a variância da população, logo, seria mais prudente usar a distribuição T de Student.

Vamos estabelecer níveis de significância para podermos rejeitar a hipótese nula. O nível de significância é a tolerância máxima para que um erro tipo I ou tipo II seja cometido.

Lembra-se dos intervalos de confiança? É a mesma coisa: precisamos estabelecer uma região no "sino" da distribuição normal, que confirme a hipótese nula.

Chamamos de "α" (alfa) a probabilidade de cometermos um erro do tipo I: rejeitar a hipótese nula, sendo ela verdadeira. E chamaremos de «β» (beta) a probabilidade de cometermos um erro de tipo II: não rejeitar a hipótese nula, mesmo sendo falsa.

Devemos ver o que é mais importante para nós, ou seja, qual o tipo de erro mais significativo para nós. Geralmente, trabalhamos mais com o erro tipo I, logo, consideramos mais a significância da probabilidade α embora possamos trabalhar com ambas (α e β).

Atenção: α é uma probabilidade, logo, é uma área! Os pontos no eixo das abscissas são os desvios da média (normalizada), as áreas são os vários valores que "y" (a variável esperada) pode assumir.

Antes de continuar, gostaria de esclarecer a diferença entre valor das observações e probabilidade de ocorrência. Isso sempre foi muito difícil para mim, quando eu comecei a estudar estatística a sério.

O que estamos querendo testar

Nunca devemos perder isto de vista. Queremos saber se, baseados na amostra, temos evidências estatísticas de que os queijos produzidos pela fábrica pesam em torno de 60 kg. Vamos verificar a probabilidade de haver médias de pesos de queijos mais extremas que as da amostra, ou seja, muito menores que a da amostra. Houve relatos de que há queijos pesando bem menos que 60 kg. Logo, precisamos saber qual é a probabilidade de haver queijos com pesos médios muito diferentes de 60 kg na vida real.

Note que nossa "população" é a produção de queijos, da qual temos uma média estimada (60 kg). Mas nada sabemos sobre o desvio padrão dessa população, exceto que seria "pequena", pois se acredita que a variação de peso seja pequena.

Para testarmos isso, precisamos saber a probabilidade de encontrarmos valores na população, que nos permitiriam rejeitar a hipótese nula (que a média de 60 kg é válida).

Regiões críticas

Pensando em uma distribuição de probabilidades, temos uma média e uma gradação, em desvios padrões, no eixo das abscissas. E temos regiões de pontos (dentro do gráfico), que correspondem às probabilidades de encontrarmos observações naquelas distâncias da média. Supondo uma distribuição normal padrão ou T de Student, é mais ou menos como na figura:

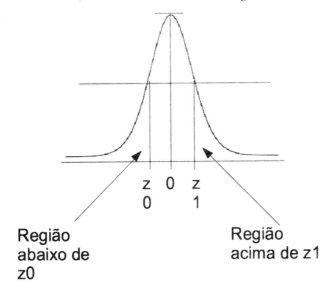

Figura 35: Regiões em um gráfico de distribuição de probabilidades

Em uma distribuição padrão (normal padrão ou T de Student), a média é zero e o desvio é 1. Vemos no gráfico o valor zero e a sua probabilidade (o pequeno seguimento de reta no "pico" do monte). Essa é a probabilidade da média (zero) ocorrer.

Há duas outras marcas: "z0" e "z1", que são deslocamentos para a esquerda e direita do zero, respectivamente. São marcas em "desvios padrões".

A região na "cauda" esquerda do "sino" representa os pontos em que o valor da observação é menor que "z0" desvios padrões, e a região na cauda direita, os pontos em que o valor da observação é maior que "z1" desvios padrões.

Devemos lembrar que o eixo das abscissas contém as observações da variável aleatória que estamos estudando (em forma de desvios padrões), e o das ordenadas contém a probabilidade delas ocorrerem.

Também devemos lembrar que os valores das observações crescem da esquerda para a direita, mas os valores das probabilidades (o eixo das ordenadas) crescem de baixo para cima. Como o gráfico da distribuição que usamos é um sino, valores de observações negativos (mais uma vez: a unidade são desvios padrões a partir da média) podem ter probabilidades positivas.

Tipos de teste

Quando definimos hipóteses, temos que selecionar as regiões do gráfico onde a hipótese nula pode ser rejeitada. Isso pode ocorrer de 2 formas:

- Bilateral ou bicaudal: Quando valores em ambas as caudas possam rejeitar H0;
- Unilateral ou unicaudal (à direita ou esquerda): Quando apenas valores em uma das duas caudas podem rejeitar H0.

É mais fácil visualizar...

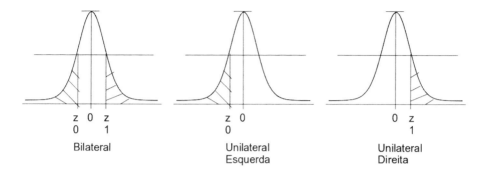

Figura 36: Tipos de testes

- Bilateral: H0: $\mu = k$; H1: $\mu \neq k$;
- Unilateral à esquerda: H0: $\mu = k$; H1: $\mu < k$;
- Unilateral à direita: H0: $\mu = k$; H1: $\mu > k$;

Qual é o teste do nosso exemplo?

- H0: peso = 60;
- H1: peso < 60.

Então, seria unilateral à esquerda, pois as observações com peso < 60 poderiam nos forçar a rejeitar a hipótese nula. Agora, precisamos pensar em um nível de significância, que será a área das probabilidades, a partir da qual, rejeitaremos a hipótese nula.

Podemos pensar em probabilidades: 1%, 5% ou 10%, que são os valores mais comuns. Se optarmos por 5% podemos demarcar essa área traçando uma reta que corta o eixo das abscissas no valor (Z ou T) correspondente. Para encontrar esse ponto, basta pesquisar na tabela da distribuição T de Student (ou normal padrão, se for o caso).

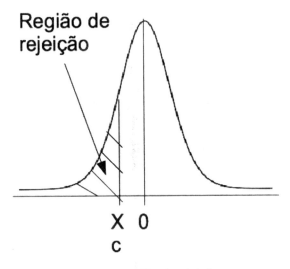

Figura 37: Região de rejeição

Nosso Xc, ou Tc, que seria mais apropriado para uma distribuição T de Student, deve corresponder a uma área de 5% (área = 0,05).

- $P(observação) <= 0,05$: Rejeitaremos H_0;
- $P(observação) > 0,05$: Não rejeitaremos H_0.

Para sabermos qual é a coordenada desse ponto (P(observação)) no eixo das abscissas, precisamos pesquisar na tabela da distribuição T de Student, ou então usamos uma função em Python:

- n = 20;
- graus de liberdade = 19;
- x = 58,66;
- s = 1,97;

Se pesquisarmos na tabela da distribuição T de Student, vemos que isso corresponde ao valor: 1,7291. Como nosso teste é a partir da cauda esquerda, então esse valor será negativo. Em Python podemos testar isso desta forma:

```
vc = abs(stats.t.ppf(0.05, df=19))
print('valor crítico',vc)
```

```
valor crítico 1.72913281152
```

Podemos pensar em um gráfico agora, certo? A próxima figura mostra isso. Para gerá-la, usamos o seguinte código em Python:

```
df = 19 # graus de liberdade
plt.figure()
xs = np.linspace(-5,5,1000)
plt.plot(xs, stats.t.pdf(xs,df), 'k')
tc = abs(stats.t.ppf(0.05, df=df))
tc1 = stats.t.pdf(-tc,df=df)
tm = stats.t.pdf(0.0,df=df)
plt.plot([0,0],[0,tm])
plt.plot([-tc,-tc],[0,tc1],'r-')

plt.show()
```

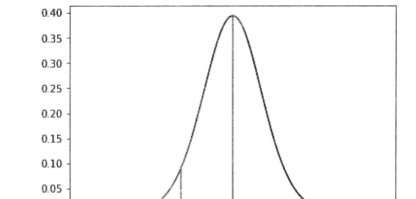

Figura 38: Distribuição T de Student com a linha do

Se o valor da média estiver na região demarcada pela primeira linha, rejeitaremos H0.

Agora, precisamos calcular o "t-score" da nossa média usando a fórmula:

$$t = \frac{(\bar{x} - \mu)}{(s/\sqrt{n})}$$

$$t = \frac{(58,66 - 60)}{1,97/\sqrt{20}}$$

Em Python:

```
t_score = (58.66 - 60) / (1.92 / math.sqrt(20))
print('t_score',t_score)

t_score -3.1211782185934647
```

Bem, nosso ponto crítico era: -1,7291 e o nosso t- score é menor do que ele: -3.12. Portanto, podemos rejeitar a hipótese nula. Mas podemos também comparar o "p-value" ou "valor-p" para confirmar isso.

valor-p

Outra maneira de constatar isso é comparar a área de erro tipo I, ou área de significância (α) com a área onde está nosso t-score, que é conhecida como "valor-p" (ou **p-value**). Basta procurar a área correspondente ao t-score na tabela ou então usar Python:

```
t_score = (58.66 - 60) / (1.92 / math.sqrt(20))
print('t_score',t_score)
p_value = stats.t.sf(np.abs(t_score), 19)
print('p_value',p_value)

t_score -3.1211782185934647
p_value 0.00281156951938
```

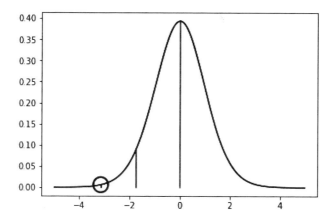

Figura 39: Área alfa e valor-p

Nossa área α é 0,05, nossa área de *p-value* é 0,0028, como o *p-value* é menor que α, então rejeitamos a hipótese nula. Na figura, a primeira linha à esquerda (marcada com um círculo) representa a fronteira da área de p-value, e a segunda à esquerda, representa a área de significância α.

O que isso significa? Que existem evidências de que P(t_score < -1,7291) é significativa, ou seja, existem evidências com probabilidade significante de haver médias menores que 60kg.

Isso significa que devemos estudar melhor o processo produtivo, de modo a diminuir a variação de peso dos queijos.

Um exemplo bilateral

Vejamos agora outro exemplo de teste de hipótese, agora bilateral. Um laboratório farmacêutico prepara um remédio que deve ter 100 mg de determinado composto químico. Você quer saber, com nível de significância de 5%, se a média de uma amostra contendo 20 comprimidos está dentro desse padrão.

Não sabemos a variância da população (σ^2), e temos apenas 20 elementos. Sabemos, por experiências anteriores, que a distribuição dessa variável (média do composto) segue a distribuição normal, logo, vamos usar a "estatística T", ou a distribuição T de Student.

Dados:

- n = 20;
- graus de liberdade = 19;
- α = 0,05;

```
amostra = np.arr
ay([95.88,101.2,102.04,100.1,98.7,96.18,97.53,100.79,
                98.52,100.08,100.45,99.19,99.91,101.01,98.
78,101.02,98.78,
                100.18,100.94,97.12])
```

Estatística básica:

```
mediah0 = 100 # média da Hipótese nula 100 mg
media = amostra.mean()
desvio = amostra.std(ddof=1)
n = len(amostra)
gl = n - 1
print('média',media,'desvio',desvio,'n',n,'gl',gl)

média 99.42 desvio 1.71949502991 n 20 gl 19
```

Temos uma média hipotética (100 mg) e uma amostra com 20 comprimidos (19 graus de liberdade), com uma média de 99,42 mg do composto químico.

É um teste bilateral (ou bicaudal). Nossas hipóteses são:

- H0: μ = 100 mg;
- H1: μ ≠ 100 mg.

Vamos usar um nível de significância de 0,05 (alfa) e vamos plotar o "sino" da distribuição T de Student:

```
alfa = 0.05
plt.figure()
```

```
xs = np.linspace(-5,5,1000)
plt.plot(xs, stats.t.pdf(xs,gl), 'k')
```

Usei um "linspace" para gerar pontos para formar o sino. Agora, precisamos achar os nossos "t-scores" críticos, à direita e esquerda, e depois as suas probabilidades (suas ordenadas):

```
tc = abs(stats.t.ppf(0.05/2, df=gl))
print('T crítico 1',-tc,'T crítico 2',tc)
tc1 = stats.t.pdf(-tc,df=gl)
tc2 = stats.t.pdf(tc,df=gl)
print('tc1',tc1, 'tc2',tc2)

T crítico 1 -2.09302405441 T crítico 2 2.09302405441
tc1 0.0494481421318 tc2 0.0494481421318
```

Preste atenção na primeira função, que calcula o t-score correspondente ao nosso nível de significância (tc). Usamos 0,05 / 2 porque o teste é bilateral (0,025 para cada lado). Depois, procuramos as probabilidades de cada t-score crítico (esquerdo e direito).

Plotamos a linha da média e as linhas que delimitam as áreas "α" de cada lado:

```
tm = stats.t.pdf(0.0,df=gl)
plt.plot([0,0],[0,tm])
plt.plot([-tc,-tc],[0,tc1],'r-')
plt.plot([tc,tc],[0,tc2],'b-')
```

Agora, precisamos calcular o t-score observado (baseado na média amostral), calcular suas probabilidades e plotar as linhas correspondentes (pontilhadas):

```
t_observado = (media - mediah0) / (desvio / math.sqrt(n))
print('t_observado',t_observado)
a1 = stats.t.pdf(t_observado,df=gl)
a2 = a1 = stats.t.pdf(-t_observado,df=gl)
print('a1',a1,'a2',a2)
```

```
plt.plot([-t_observado,-t_observado],[0,a1],'k:')
plt.plot([t_observado,t_observado],[0,a2],'k:')

t_observado -1.50848871836
a1 0.12703656733 a2 0.12703656733
```

Finalmente, temos o nosso gráfico:

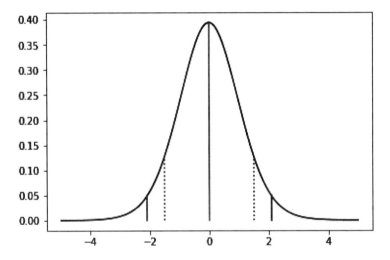

Figura 40: Distribuição do nosso teste

As linhas pontilhadas, à esquerda e à direita, demarcam nosso t-observado e também delimitam as áreas nas caudas que correspondem ao nosso "valor-p". As duas linhas verticais menores, nos extremos das caudas, delimitam as áreas "α" de cada lado.

As duas metades de "α" são menores que as duas metades do "valor-p", logo, não rejeitamos a hipótese nula. Fiz uns testes em Python, primeiro, comparando os t-scores, e depois, comparando "valor-p" com "α":

```
if t_observado > (-tc) and t_observado < tc:
    print('Não rejeitamos a hipótese nula')
else:
    print('Rejeitamos a hipótese nula')
```

```
print('alfa',alfa)
valor_p = stats.t.sf(np.abs(t_observado), n-1)*2
print('valor_p',valor_p)
if valor_p <= alfa:
    print('Rejeitamos a hipótese nula com base no valor_p')
else:
    print('Não rejeitamos a hipótese nula com base no valor_p')
```

Não rejeitamos a hipótese nula

```
alfa 0.05
valor_p 0.147878761659
Não rejeitamos a hipótese nula com base no valor_p
```

Isso significa que os comprimidos têm 100 mg do composto? Não! Isso significa que a probabilidade de haver médias muito mais extremas que a da amostra é insignificante e que falhamos em rejeitar a hipótese nula.

Podemos afirmar que não há evidências estatísticas que a variação da quantidade do composto seja muito maior que a da amostra.

E se soubermos a variância da população?

Neste caso, usamos a distribuição normal padrão, baseada em z-scores. A fórmula para encontrar um z-score é:

$$z = \frac{(\bar{x} - \mu_0)}{\frac{\sigma}{\sqrt{n}}}$$

E não existe essa história de "graus de liberdade". As funções em Python (scipy) são as mesmas, só trocando "stats.t." por "stats.norm.".

CAPÍTULO 9

Correlação

Para este capítulo, há um Notebook Jupyter chamado "capt9.ipynb", dentro do repositório Github, na pasta "book/capt9".

Correlação é um estudo que mede a relação entre duas variáveis aleatórias. Por exemplo: Taxa de câmbio (dólar) e Desemprego ou peso e altura etc.

Duas variáveis são correlacionadas quando a variação em uma delas provoca variação em outra. Vamos ver o exemplo sobre Taxa de câmbio (dólar) e Desemprego.

9.1 Obtendo os dados

O site do IPEA DATA (http://www.ipeadata.gov.br) tem várias séries interessantes para análise:

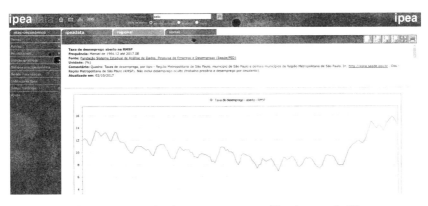

Figura 41: Taxa de desemprego na região da grande SP

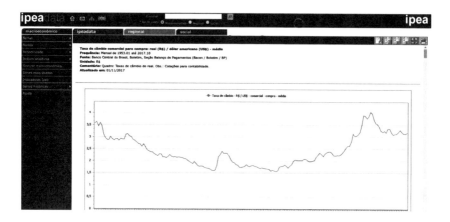

Figura 42: Taxa de câmbio (dólar)

Podemos baixar em formato CSV (Comma Separated Values) e trabalhar os dados. Eu já fiz isso e coloquei no repositório do Github, dentro da pasta do capítulo 9 (veja a introdução).

```
import numpy as np
from sklearn.preprocessing import normalize
from sklearn.preprocessing import StandardScaler
import pandas as pd
import matplotlib.pyplot as plt
%matplotlib inline

dolar = pd.read_csv('dolar.csv')
desemprego = pd.read_csv('desemprego.csv')
```

9.2 Limpando os dados

Primeiramente, é bom olhar a estatística descritiva de cada DataFrame, para ver se está tudo certo (se faltam valores ou se há muitos *outliers*):

```
dolar.describe()
```

	Periodo	Dolar
count	121.000000	121.000000
mean	2012.189091	**96.254918**
std	2.943821	**415.140965**
min	2007.080000	1.563100
25%	2010.020000	1.789014
50%	2012.080000	2.188057
75%	2015.020000	3.135572
max	2017.080000	**2313.000000**

Há algo estranho nesse dataset! Um desvio padrão enorme! E olhe o valor máximo da cotação do dólar: 2313! Olhando o arquivo, vemos que alguns valores estão sem o ponto decimal, logo, são considerados milhares. Um pequeno código Python pode ajustá-los, dividindo-os por 1.000:

```
dolar.loc[dolar.Dolar > 1000, ['Dolar']] = dolar['Dolar'] / 1000
```

	Período	Dólar
count	121.000000	121.000000
mean	2012.189091	2.324150
std	2.943821	0.682049
min	2007.080000	1.563100
25%	2010.020000	1.779000
50%	2012.080000	2.060100
75%	2015.020000	2.815839
max	2017.080000	4.051715

Bem, agora os valores parecem mais normais. Vamos ver como está o dataset do desemprego:

	Período	Desemprego
count	121.000000	121.000000
mean	2012.189091	10.012397
std	2.943821	2.200325
min	2007.080000	6.900000
25%	2010.020000	8.500000
50%	2012.080000	9.400000
75%	2015.020000	10.700000
max	2017.080000	15.900000

Também parece estar normal.

Eu filtrei previamente os dados separando os meses inexistentes. Fixei o período de Agosto de 2007 até Agosto de 2017 (10 anos).

9.3 Tipos de correlação

A correlação entre duas variáveis aleatórias pode ser:

- Nenhuma: A variação de uma não implica a variação da outra;
- Linear positiva: A variação de uma implica a variação direta da outra;
- Linear negativa: A variação de uma implica a variação inversa da outra;
- Não linear: Há correlação, mas o gráfico não é uma reta.

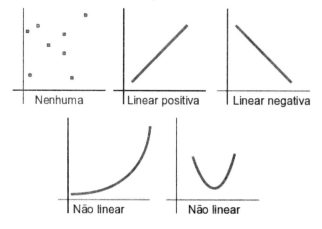

Figura 43: Tipos de correlação

Como vamos medir a correlação dessas duas variáveis (Câmbio e Desemprego)? Temos o método de Pearson, baseado no seu coeficiente de correlação, cuja fórmula é:

$$r = \frac{n\sum xy - (\sum x)(\sum y)}{\sqrt{n\sum x^2 - (\sum x)^2} \times \sqrt{n\sum y^2 - (\sum y)^2}}$$

Este coeficiente se aplica se a correlação for linear. Podemos interpretar o resultado como:

- r próximo de 1, há correlação linear positiva;
- r próximo de -1, há correlação linear negativa;
- $r = 0$, não há correlação;

9.4 Coeficiente de correlação

Observando as duas figuras iniciais, das séries do IPEA DATA, vemos que ambos os gráficos são similares, com picos nos extremos e um grande vale no meio. Podemos supor uma correlação linear.

Podemos plotar um gráfico de ambas, com o dólar no eixo das abscissas e o desemprego nas ordenadas:

```
plt.scatter(dolar['Dolar'],desemprego['Desemprego'])
```

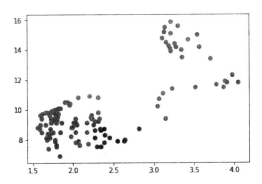

Figura 44: Gráfico das variáveis

Podemos até imaginar uma reta, embora a escala não favoreça muito. Se plotarmos os gráficos individuais do Dólar e do Desemprego, podemos enxergar melhor a similaridade:

```
plt.plot(dolar['Periodo'],dolar['Dolar'])
plt.plot(desemprego['Periodo'],desemprego['Desemprego'])
```

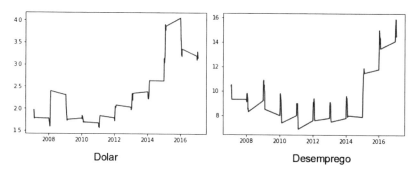

Figura 45: Comparando os gráficos

Felizmente, o NumPy tem uma função que já calcula o Coeficiente de correlação para nós:

```
print(np.corrcoef(dolar['Dolar'],desemprego['Desemprego']))

[[ 1.         0.72697675]
 [ 0.72697675 1.        ]]
```

Ele retorna uma matriz com a combinação de correlação entre as duas variáveis, e o resultado é: 0,73, logo, há correlação linear positiva entre ambas.

9.4 Correlação e causalidade

Só porque existe correlação entre duas variáveis aleatórias, não significa que exista uma relação de causa/efeito entre elas, ou seja, uma "causa" a variação na outra. Pode ser que ambas dependam de outras variáveis que não estamos vendo.

A correlação de duas variáveis pode ser explicada por uma terceira variável ou pela simples coincidência.

Tyler Vigen mantém uma página muito interessante, chamada: "Spurious Correlations" (http://www.tylervigen.com/spurious-correlations) (correlações espúrias) na qual aborda essa questão de maneira muito engraçada, por exemplo, considere essa correlação:

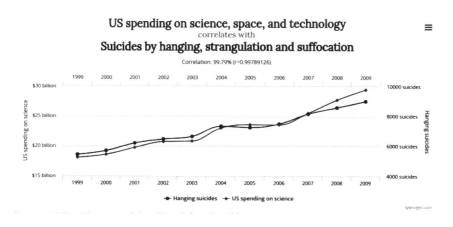

Figura 46: Correlações espúrias

Neste exemplo, temos a quantidade de suicídios por enforcamento, sufocamento e estrangulamento, comparada com o gasto dos Estados Unidos em ciência, espaço e tecnologia. Apesar de apresentarem correlação de 99,8%, trata-se, obviamente, de coincidência.

A única maneira de determinar relações de causa e efeito é através de testes, como o Teste A/B, ou testes de hipóteses com duas amostras. Neste tipo de teste, separamos dois grupos: Um de teste e outro de controle e submetemos duas amostras a eles.

9.5 Correlações não lineares

Muitas vezes temos correlações não lineares entre as variáveis, logo, o coeficiente de Pearson perde sua eficácia. Existem outras formas de testar a correlação, como o coeficiente de correlação de postos de Spearman, que apresenta bons resultados com correlações não lineares.

Qual dos dois você deve usar? Bem, para começar, desenhe o gráfico! Olhando o gráfico você pode ter uma ideia de qual seria o tipo de teste.

O coeficiente de Spearman avalia o grau em que a relação entre duas variáveis pode ser descrita por uma função monotônica (crescente ou decrescente).

Vamos criar duas variáveis, uma independente (x) e outra dependente(y), com uma relação logarítmica inversa:

```
independente = np.linspace(1,stop=5,num=50)
np.random.seed(101)
dependente = [1 / (np.log(x) + (np.random.rand()*0.7)) for x in
independente]
```

Eu fixei o random seed para termos sempre o mesmo conjunto de dados. Acrescentei um "ruído" aleatório para que o gráfico não fique exatamente 1/log. Eis o gráfico das variáveis:

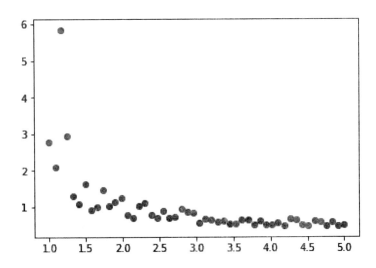

Agora, vamos usar a função "spearmanr", do pacote SciPy.stats para calcular o coeficiente:

```
import scipy.stats as stats

# Calculando Pearson:
pearson_r = np.corrcoef(independente,dependente)
# Calculando Spearman
spearman_r = stats.spearmanr(independente,dependente)
print('r Pearson',pearson_r)
print('r Spearman',spearman_r)

r Pearson [[ 1.         -0.6051513]
 [-0.6051513  1.        ]]
r  Spearman   SpearmanrResult(correlation=-0.89733493397358943,
pvalue=1.1314262188109336e-18)
```

O coeficiente de Spearman apresentou resultado mais forte, denotando uma correlação negativa entre as variáveis.

CAPÍTULO 10

Regressão

Outra técnica muito interessante de Data Science é a análise de regressão.

Dado um dataset contendo um conjunto de atributos e um valor numérico (um rótulo, um alvo) para cada conjunto, a regressão nos permite estudar o relacionamento dos atributos e criar um modelo preditivo (uma fórmula, uma heurística) para prever rótulos relacionados com conjuntos de atributos que ainda não vimos.

Complicado? Bem, imagine o dataset dos dados de saúde dos empregados de determinada empresa. Para cada empregado, temos:

- Idade;
- Peso;
- Altura;
- Colesterol (no último exame de sangue);
- Probabilidade de problemas cardiovasculares.

E, para cada empregado, temos a probabilidade de ocorrência de problemas cardiovasculares, que é o "rótulo" ou "valor alvo", que foi calculada pelo médico da empresa.

Podemos usar análise de regressão para estudar o relacionamento dessas variáveis e criar um modelo que preveja as probabilidades para empregados novos, que ainda não foram examinados pelo médico.

Regressão é usada para prever um valor alvo, dadas as características de uma amostra.

10.1 Tipos de regressão

- **Linear:** Quando duas variáveis, uma independente (x) e outra dependente (y), se relacionam linearmente;

- **Multivariada ou múltipla:** Quando temos mais de uma variável independente;

- **Não linear:** Quando o relacionamento entre as variáveis explicativas e a variável dependente não segue uma reta. Pode ser polinomial ou com interação entre os atributos;

- **Logística:** Quando o rótulo é, na verdade uma ou mais classes. A regressão logística retorna a probabilidade de o elemento pertencer à determinada classe. É mais utilizada para problemas de classificação.

10.2 Regressão linear simples

Este tipo de regressão nós já demonstramos em outros capítulos, mas vale a pena analisarmos mais detalhadamente. Vamos pegar o exemplo do capítulo sobre "Bibliotecas para Data Science", que está representado no "Notebook": "Segundo. ipynb", localizado no repositório do livro (veja "Introdução") capt6.

Temos um dataset contendo observações de pesos e alturas:

	Pesos	Alturas
0	74	1.73
1	61	1.62
2	61	1.63
3	68	1.68
4	70	1.68

Uma estatística descritiva deste dataset pode ser obtida assim:

```
dados_df.describe()
```

	Pesos	Alturas
count	299.000000	299.000000
mean	64.933110	1.650301
std	9.078084	0.092237
min	50.000000	1.490000
25%	57.000000	1.570000
50%	65.000000	1.650000
75%	73.000000	1.725000
max	80.000000	1.830000

Nossa regressão foi calculada utilizando o modelo "linear_model.LinearRegression()", do pacote Scikit-learn. Eis o coeficiente de determinação R2:

```
print(r2_score(y_test,predicoes))
0.978676447099
```

Eis o gráfico dos dados originais e da reta de regressão:

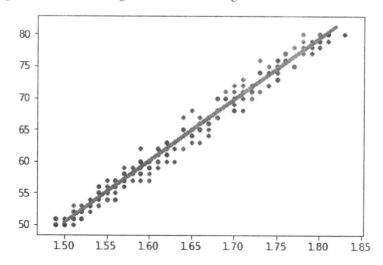

Figura 48: Gráfico demonstrando a regressão

Temos alguns conceitos importantes sobre regressão, por exemplo, o erro padrão de estimativa. Analisando uma reta calculada por modelo de regressão, temos os seguintes pontos notáveis:

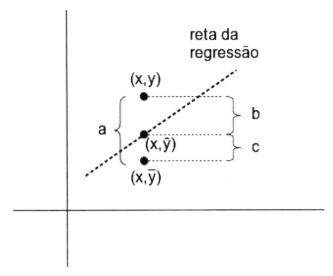

Figura 49: Desvios

- (x,y): Ponto observado na amostra;
- (x, ŷ): Valor x observado e média calculada pelo modelo preditivo;
- (x,y): Valor x observado e média amostral.

Temos três distâncias relevantes:

- A distância "a" é o desvio total, calculado pela diferença: (y – y);
- A distância "b" é o desvio **não** explicado pelo nosso modelo, também chamado de: "resíduo";
- A distância "c" é o desvio explicado pelo nosso modelo.

Os resíduos são muito importantes em regressões, e veremos depois. Mas, por enquanto, vamos nos concentrar no coeficiente de determinação r^2:

- Variação explicada (ve): $\sum_{i=1}^{n}\left(\hat{y}_i - \overline{y}\right)^2$

- Resíduos (res): $\sum_{i=1}^{n}(y_i - \hat{y})^2$
- Variação total (vt): ve + res.

$$R^2 = \frac{ve}{vt}$$

O objetivo da regressão é criar um modelo que maximize o R^2, ou seja, explique o máximo possível.

Apesar de "martelar" incessantemente termos estatísticos sobre você, não é o objetivo deste livro focar apenas nesse assunto, como já mencionei, acredito que você deva ler materiais sobre estatística ou buscar treinamentos nessa área, se for do seu interesse trabalhar com Data Science.

10.3 Regressão multivariada

Também conhecida como "regressão múltipla", ocorre quando temos mais de uma variável independente. O resultado da regressão multivariada é obter uma fórmula que explique o relacionamento das variáveis independentes com a dependente, e permita prever novos valores:

$$Y = \beta_0 + \beta_1 x_1 + \beta_2 x_2 + \beta_n x_n + \varepsilon$$

- β_0 : É chamado de "coeficiente linear", ou "intercept", ou seja, o valor que Y assumirá, quando todos os valores das variáveis independentes forem zero;
- $\beta_0 \to \beta_n$: Coeficientes das variáveis independentes ou "coefficients";
- ε : Erro aleatório. É esperado que tenha valor zero.

O objetivo do cálculo de regressão é obter essa fórmula, e existem vários métodos para isso.

Neste livro, estamos interessados em ver como calcular essa reta usando Python e as bibliotecas que temos. Praticamente todas possuem funções para cálculo de regressão: NumPy (linalg.lstsq, polyfit), SciPy.stats (linregress), Scikit-learn (linear_model.LinearRegression) e uma nova biblioteca sobre a qual ainda não discutimos: Statsmodels (http://www.statsmodels.org/stable/index.html), que eu considero uma das mais completas para análise de regressão.

10.4 Avaliação de modelos de regressão

Para serem válidas, as regressões lineares precisam seguir quatro restrições importantes:

- A média da variável dependente (E(Y) é obtida através de uma função linear entre os valores das variáveis independentes;

- Os erros de previsão (desvios não explicados ou ($y_i - \hat{y}_i$) são independentes, ou seja, o erro de uma observação não influencia o erro de outra observação;

- Os erros em cada observação possuem distribuição normal;

- Os erros em cada observação possuem variâncias iguais (σ^2).

Há alguns testes que podemos fazer para verificar se estas condições foram atendidas.

10.4 R quadrado e R quadrado ajustado

O valor de R^2 é calculado pela fórmula:

$$R^2 = \frac{ve}{vt}$$

E seu resultado é um valor entre zero e um, que pode ser transformado em percentual. Por exemplo, no exemplo de regressão do início deste capítulo (Pesos versus Alturas), calculamos a variação dos pesos dados às alturas das pessoas, e chegamos a um coeficiente de determinação (R^2) de: 0.98 ou 98%. Isto significa que 98% da variação dos pesos podem ser explicadas pela variação das alturas, o resto (2%) é devido a outras causas.

Quando trabalhamos com regressões simples, o R^2 basta para avaliarmos a regressão. Porém, quando temos mais de uma variável independente, mesmo que ela não contribua para explicar a variação da variável dependente, aumenta o valor de R^2 artificialmente, logo, há uma transformação que podemos fazer em R^2 chamada de "coeficiente de determinação ajustado" ou "R^2 ajustado" ("adj R^2"):

$$R_a^2 = 1 - \frac{(n-1)}{n-(k+1)}\left(1-R^2\right)$$

Cuidado com suas avaliações! Um valor alto de R^2 pode ser ilusório, por exemplo, no caso do exemplo do início do capítulo, vemos que os pontos observados "abraçam" a reta da regressão de maneira "amorfa", ou seja, não demonstram nenhuma outra tendência. Porém, é possível obtermos um alto valor de R^2 para relacionamentos não lineares, ou seja, que poderiam ser melhor descritos com outro tipo de função:

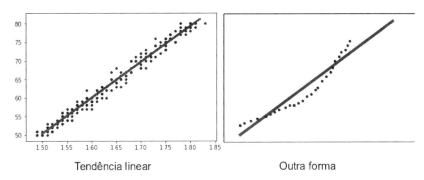

Figura 50: Tendência não linear

É possível termos um alto valor de R^2 para a figura da direita, mesmo que o gráfico mostre que outro tipo de curva (não linear) talvez descrevesse melhor o relacionamento dos dados.

Isso nem sempre é possível perceber com regressões, por exemplo, no caso de regressões multivariadas, logo, existem outras formas, além do R^2 (e do R^2 ajustado) para avaliarmos uma regressão.

10.5 Teste de significância dos coeficientes

Utilizamos a estatística T (distribuição T de Student) para avaliar a hipótese de que cada coeficiente seja zero (não contribua para a regressão):

- H_0: $\beta i = 0$
- H_a: $\beta i \neq 0$

Estabelecemos um nível de significância α, por exemplo, 0,05 ou 0,01 e calculamos o valor p de cada regressão entre uma variável independente apenas e a variável dependente. Se o valor p for menor que o nível de significância, rejeitamos a hipótese nula, logo, aquela variável contribui para a regressão.

10.6 Teste de significância da regressão

Há um teste chamado de "significância da regressão", baseado na distribuição F (Fisher–Snedecor) que pode ser utilizada para testar a hipótese:

H_0: $\beta_1 = \beta_2 = \beta_3 = \beta_k = 0$

H_a: $\beta_i \neq 0$ para pelo menos um i

O que isso quer dizer? Zerando os coeficientes e comparando com a regressão normal, obteríamos um modelo muito diferente? Se zerarmos os coeficientes, apenas o "intercept" determinará a reta de regressão. Fazemos uma regressão desta forma e calculamos a soma dos quadrados dos erros.

A estatística F pode ser obtida pela fórmula: $F = \dfrac{MSR}{MSE}$

Onde $MSR = \dfrac{\sum_{i=1}^{n}(\hat{y}_i - \overline{y})^2}{(k-1)}$

- k = número de parâmetros da regressão original;

$$\text{E MSE} = \frac{\sum_{i=1}^{n}(y_i - \hat{y}_i)^2}{(n-k)}$$

- n = número de observações. Se usarmos um "intercept" ou coeficiente linear, então o denominador é: n – k – 1;

Depois, é só procurar o valor da estatística F na tabela da distribuição F ou usar uma função Python, para encontrar o valor p. Se o valor p for menor que o nível de significância α escolhido, então pode rejeitar a hipótese nula.

Não se preocupe com as fórmulas! Neste livro, sempre usaremos funções das bibliotecas Python para calcular as coisas.

10.7 Multicolinearidade

Ocorre em regressões multivariadas, quando duas ou mais variáveis independentes apresentam correlação entre si. Há alguma discussão sobre os efeitos da multicolinearidade, já que pode ser muito difícil reduzi-la. Porém, aceita-se que multicolinearidade severa pode acarretar erros padrões elevados e afetar a estabilidade dos coeficientes.

Podemos detectar multicolinearidade utilizando o cálculo de VIF: Variation Inflation Factor ou FIV: Fator de Inflação da Variância para cada variável:

$$VIF_k = \frac{1}{1 - R_k^2}$$

Onde:

- k = variável independente;
- R_k^2 = R^2 da regressão entre a variável em questão e as outras variáveis independentes;

Em Python calculamos o VIF utilizando a função:

```
statsmodels.stats.outliers_influence.variance_inflation_factor
```

Do pacote StatsModels.

Se o valor do VIF para uma das variáveis for maior ou igual a 10, então a multicolinearidade é alta.

10.8 Heterocedasticidade

Uma das condições necessárias para a validade das inferências de uma regressão é que o termo do erro aleatório, ε, tenha uma variância constante para todos os níveis de variáveis independentes.

Quando esta condição é satisfeita, o modelo é dito Homocedástico. Quando são observadas variações desiguais para diferentes conjuntos de variáveis independentes, o modelo é dito Heterocedástico.

Fica mais fácil entender com uma visualização:

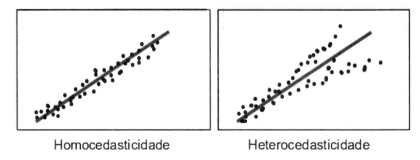

Figura 51: Homocedasticidade e Heterocedasticidade

Qual a diferença entre essas duas imagens? A da esquerda parece até um galho de jabuticabeira, com as observações em torno da reta de regressão. A da direita parece com uma corneta, na qual encaixamos uma vara. Brincadeiras à parte, os erros não estão distribuídos de maneira uniforme, variando conforme "x".

Quando temos um modelo heterocedástico, não podemos fazer testes de hipóteses confiáveis, com problemas na determinação dos desvios das previsões.

Em Python podemos usar a biblioteca StatsModels para rodar testes de heterocedasticidade, como o de Breusch–Pagan (https://en.wikipedia.org/wiki/Breusch%E2%80%93Pagan_test):

```
test = sms.het_breuschpagan(results.resid, results.model.exog)
```

Se o valor p resultante for menor que o nível de significância (por exemplo, 0,05) então a hipótese nula, de que o modelo é homocedástico, é rejeitada.

10.9 Autocorrelação dos resíduos

Significa que o erro de hoje está influenciando o de amanhã. É uma situação em que os resíduos estão correlacionados, e ocorre frequentemente em séries de dados temporais.

O efeito causado pela autocorrelação no modelo linear geral depende do padrão de autocorrelação. Um dos padrões mais comuns é que a autocorrelação entre observações consecutivas no tempo é positiva. Quando o resíduo na observação em t é positivo (y observado maior que o esperado), logo o valor da observação seguinte (t+1) tende a ser positivo também. Isto demonstra a existência de autocorrelação positiva entre resíduos.

O teste de Autocorrelação dos resíduos é feito através da estatística Durbin-watson:

$$dw = \frac{\sum_{t=2}^{T}(e_t - e_{t-1})^2}{\sum_{t=1}^{T} e_t^2}$$

O valor calculado fica entre 0 e 4, sendo interpretado assim:

- valor = 2: Não há autocorrelação;
- valor < 2: Há evidências de autocorrelação positiva;

- valor > 2: Há evidências de autocorrelação negativa;
- valor próximo de 0: Forte autocorrelação positiva;

- valor próximo de 4: Forte autocorrelação negativa.

Em Python, calculamos isso com várias bibliotecas, entre elas a StatsModels:

statsmodels.stats.stattools.durbin_watson

10.10 Outros testes

Há vários outros testes que podemos fazer, por exemplo, verificar a normalidade da probabilidade de distribuição dos erros, mas acredito que estes sejam suficientes para avaliarmos bem nosso modelo de regressão.

Agora é hora de um exemplo.

10.11 Exemplo de regressão multivariada

A regressão multivariada ou múltipla ocorre quando temos mais de uma variável independente. Neste caso, em vez de uma reta, você tem um plano, caso sejam até 3 variáveis, ou então uma figura multidimensional.

Sendo bastante sincero com você, se houver múltiplas variáveis, talvez o modelo linear não se aplique. Você pode tentar aumentar a ordem do polinômio ou acrescentar interações (multiplicações) entre as variáveis, para ver se melhora a avaliação.

Hoje em dia, há outros algoritmos mais apropriados para lidar com múltiplas variáveis, como veremos depois.

Um modelo de regressão multivariada é uma fórmula como esta:

$$y_i = \beta_0 + \beta_1 x_i + \beta_2 x_i + ... + \beta_n x_i + \epsilon$$

Temos que descobrir os coeficientes (β_n) das variáveis independentes e o intercept (β_0).

O método dos mínimos quadrados (OLS – Ordinary Least Squares) ainda pode ser utilizado como mecanismo para encontrar esses coeficientes (e o intercept), permitindo-nos criar uma equação que preveja o valor esperado da variável dependente.

10.11.1 Um exemplo

O notebook deste exemplo está no repositório do livro (veja o capítulo de introdução), dentro de "book/capt10/server_load.ipynb".

Obter dados para regressões multivariadas não é fácil. Ou há problemas de copyright, ou o modelo não é exatamente linear, ou mesmo há erros com o processo. Eu tive mais sorte. Peguei um dataset baseado em observações sobre o desempenho de um website (o tempo total de processamento de um "request" HTTP).

Tive que "manipular" os dados, e deixei apenas uma pequena amostra. A questão é que, depois de algumas observações, um dos discos (HD) apresentou problemas e influenciou muito os tempos, gerando "outliers". Eis os dados:

	Duracao_media_ms	Perc_medio_CPU	Load_avg_minute	Requests_média
0	150	10.580584	0.654753	72
1	140	9.957563	0.530416	120
2	150	10.718390	0.773970	200
3	155	10.975842	0.581291	85
4	140	9.824099	0.650421	56

Os dados são resumos por minuto:

- Duracao_media_ms: Duração média do processamento de um Request HTTP (em milissegundos);

- Perc_medio_CPU: Percentual médio de ocupação da CPU;

- Load_avg_minute: Carga total dos processadores;

- Requests_média: Quantidade média de requests processados.

O notebook é bem explicativo. Mas, antes de entrarmos em detalhes, quero falar um pouco sobre a biblioteca que utilizei: StatsModels (http://www.statsmodels.org/stable/index.html). Ela facilita muito o trabalho com regressão e possui funções para todas as avaliações necessárias.

No exemplo, eu utilizei o módulo "statsmodels.formula.api", que permite criar modelos de regressão de maneira bem simples, usando fórmulas como na linguagem R. Por exemplo, no notebook você pode ver como eu criei o modelo (note que a quebra de linha da função "ols" não existe):

```
results = smf.ols('Duracao_media_ms ~ Perc_medio_CPU + Load_avg_minute + Requests_média', data=df).fit()
results.summary()
```

A fórmula é o primeiro parâmetro da função "ols":

```
Duracao_media_ms ~ Perc_medio_CPU + Load_avg_minute + Requests_média
```

O til " ~ " separa a variável dependente das variáveis independentes. Os sinais de " + " indicam que queremos apenas soma entre as variáveis, mas poderíamos ter interações, por exemplo:

```
Duracao_media_ms ~ Perc_medio_CPU + Load_avg_minute * Requests_média
```

Aqui, as variáveis "Load_avg_minute" e "Requests_média" estão sendo multiplicadas.

E nem é preciso criar DataFrames separados para Y e X.

Primeiramente, rodei algumas análises simples sobre os dados:

```
df = pd.read_csv('servidor.csv')
df.info()
df.describe()


<class 'pandas.core.frame.DataFrame'>
RangeIndex: 29 entries, 0 to 28
Data columns (total 4 columns):
Duracao_media_ms    29 non-null int64
Perc_medio_CPU      29 non-null float64
Load_avg_minute     29 non-null float64
Requests_média      29 non-null int64
dtypes: float64(2), int64(2)
memory usage: 1008.0 bytes
```

Como pode ver, o método "info()" nos dá informações sobre o DataFrame.

	Duracao_media_ms	Perc_medio_CPU	Load_avg_minute	Requests_média
count	29.000000	29.000000	29.000000	29.000000
mean	811.586207	47.975050	3.927406	631.793103
std	672.159129	43.282833	3.379525	391.095657
min	140.000000	6.866574	0.498327	56.000000
25%	150.000000	10.581583	0.650421	230.000000
50%	520.000000	20.151097	2.333277	720.000000
75%	1500.000000	98.170972	7.317686	890.000000
max	1950.000000	121.235760	9.580188	1535.000000

Os desvios padrões das variáveis estão um pouco altos (praticamente iguais às médias). Na minha opinião, isso se deve ao período de coletagem (1 vez ao minuto). Eles acumularam e tiraram a média. Isso afetou bastante as observações. Talvez, uma amostragem de menor granularidade (a cada segundo) diminuísse a variância. Mas, pretendo usar esses dados apenas para demonstrar a regressão múltipla, e não para fazer análises aprofundadas. Se fosse para "valer" eu tentaria coletar outras amostras, com intervalos menores, e em maior quantidade.

O resultado da regressão pode ser visto com o método "summary()", aplicado ao resultado:

OLS Regression Results

Dep. Variable:	Duracao_media_ms	R-squared:	1.000
Model:	OLS	Adj. R-squared:	0.999
Method:	Least Squares	F-statistic:	1.755e+04
Date:	Sat, 11 Nov 2017	Prob (F-statistic):	1.17e-41
Time:	10:34:38	Log-Likelihood:	-118.48
No. Observations:	29	AIC:	245.0
Df Residuals:	25	BIC:	250.4
Df Model:	3		
Covariance Type:	nonrobust		

	coef	std err	t	P>|t|	[0.025	0.975]
Intercept	20.7948	6.316	3.292	0.003	7.786	33.803
Perc_medio_CPU	0.2873	0.285	1.009	0.323	-0.299	0.874
Load_avg_minute	194.4347	3.828	50.799	0.000	186.552	202.318
Requests_média	0.0212	0.010	2.206	0.037	0.001	0.041

Omnibus:	0.521	Durbin-Watson:	2.480
Prob(Omnibus):	0.771	Jarque-Bera (JB):	0.611
Skew:	-0.081	Prob(JB):	0.737
Kurtosis:	2.308	Cond. No.	1.67e+03

Apesar dos problemas, temos um modelo bem interessante aqui:

- Modelo: $y = 0.2873x_1 + 194.4347x_2 + 0.0212x_3 + 20.7948$
- R quadrado ajustado: 0.999;
- Significância da regressão (F-test): Rejeitamos a hipótese nula de coeficientes zerados;
- Significância dos coeficientes: O Coeficiente "Perc_medio_CPU" poderia ser retirado do modelo, porém, como temos um ótimo R2 ajustado, podemos deixar.

Para executar os outros testes (multicolinearidade e heterocedasticidade), usamos outros dois módulos da biblioteca StatsModel:

- statsmodels.stats.outliers_influence.variance_inflation_factor: Calcula os VIFs das variáveis independentes;

- statsmodels.stats.diagnostic.het_breuschpagan: Executa o teste de Breusch-Pagan para homocedasticidade;

10.11.2 Teste VIF

```
X = df.drop('Duracao_media_ms',axis=1)
Xe = sm.add_constant(X,prepend=True)
vif = [variance_inflation_factor(Xe.values, i) for i in range(Xe.shape[1])]
vif_s =pd.Series(vif, index =Xe.columns)
print(vif_s)

const              4.817213
Perc_medio_CPU    17.701874
Load_avg_minute   19.506190
Requests_média     1.645110
dtype: float64
```

Bom, os VIFs das nossas variáveis "Perc_medio_CPU" e "Load_avg_minute" estão maiores que 10, denotando alta multicolinearidade. O que podemos fazer sobre isso? Talvez remover uma das duas variáveis, e provavelmente seria o "Perc_medio_CPU", já que apresenta valor p de significância de 0.3 (veja no resultado do método "summary()").

Remover o Percentual médio de CPU? Ora, certamente é uma das variáveis mais importantes para saber se o servidor está ou não com um "gargalo"!

Nessa situação, eu faria outra coisa, por exemplo, coletar novamente os números, já que houve falha no HD, com periodicidade de 1 segundo. Coletaria bastante valores, durante vários dias. O ideal é ter uma amostra bem grande (cada dia = 86.400 registros). Outra coisa que eu faria seria procurar mais uma variável explicativa, talvez o percentual de ocupação dos discos, para substituir a carga total dos processadores.

10.11.3 Teste de Heterocedasticidade

```
name = ['Lagrange multiplier statistic', 'p-value',
        'f-value', 'f p-value']
testeH = het_breuschpagan(results.resid, results.model.exog)
lzip(name, testeH)

[('Lagrange multiplier statistic', 3.6684353081331946),
 ('p-value', 0.29956464547347383),
 ('f-value', 1.2068063937739497),
 ('f p-value', 0.32771840796145069)]
```

A função lzip junta dois arrays em um terceiro, formando tuplas com os valores correspondentes. Assim, conseguimos "dar nome aos bois" do resultado.

Bom, segundo o teste Breusch-Pagan, nosso valor p é maior que o nível de significância 0.05, logo, não rejeitamos a hipótese nula, de que o modelo seja homocedástico.

10.11.4 Autocorrelação dos resíduos

O teste de Durbin-Watson, de autocorrelação dos resíduos, é calculado automaticamente pelo método "summary()", e seu valor é 2,48, portanto, há evidências de autocorrelação negativa entre os resíduos, embora não seja considerada "forte" (mais próxima de 4).

O que significa isso e o que podemos fazer? Alguns defendem centrar as variáveis na média (padronização) ou incluir variáveis "dummy" na regressão. Eu considero essas medidas paliativas, pois parece que estamos "maquiando" a regressão. Outra interpretação para autocorrelação é a de que, talvez, o relacionamento não seja linear, logo, tentar outro modelo (polinomial, por exemplo) possa dar melhor resultado. Também existe mais uma possibilidade: Faltam variáveis explicativas. Busque outras variáveis que possam ajudar a explicar a variação da variável dependente.

10.12 Machine learning

Há outros algoritmos para realizar trabalhos de regressão (prever uma variável numérica), que não são baseados em mínimos quadrados.

Neste caso, vamos entrar no terreno de "Machine learning" (aprendizado de máquina), caracterizado por algoritmos capazes de "aprender" com os dados e fazerem previsões. A regressão linear (ou não) também é capaz disso, como vimos, mas, como é mais antiga, não é tão "fashion", como "Decision Trees" ou "SVM".

Nesta categoria de Machine learning, temos subcategorias de técnicas:

- Aprendizado supervisionado: Supervised learning. Quando ensinamos o algoritmo usando dados de treinamento;

- Aprendizado não supervisionado: Unsupervised learning. Quando o algoritmo é capaz de realizar sua tarefa sem treinamento algum;

- Aprendizado por reforço: Reinforcement learning. Quando o algoritmo tem que aprender seu trabalho, através de recompensas ou punições. Por exemplo, se ele acertar, é recompensado.

Vamos ver as técnicas de supervised learning.

10.13 Decision Trees

Há vários algoritmos e técnicas que podem ser utilizados para fazer uma análise de regressão, que é prever um valor numérico com base em variáveis aleatórias amostrais. Entre eles temos "Decision Tree", que utiliza árvore de decisão para partir dos valores observados até chegar ao valor previsto para um determinado elemento. São muito bons para modelos não lineares.

Vamos mostrar um exemplo não linear baseado em Decision Tree, usando o Scikit-Learn. Dentro do repositório do livro (veja o capítulo de introdução) há um notebook com o exemplo completo (book/capt10/nao_linear_decision_tree).

10.13.1 Gerando dados

No exemplo, eu mesmo gerei os dados. O motivo para isso é que quando usamos dados de datasets públicos ou de observações, nem sempre temos bons resultados e, como o objetivo é transmitir o conhecimento, temos que facilitar de alguma forma. Provavelmente, os datasets que você verá por aí não apresentaram tão bons indicadores. Eu gerei 3 variáveis, obviamente relacionadas:

```
np.random.seed(42)
X = np.linspace(1.5,3.0,num=100)
Y = np.array([x**4 + (np.random.rand()*6.5) for x in X])
Z = np.array([(x[i]*y[i]) + (np.random.rand()*3.2) for i in range(0,100)])

fig = plt.figure()
ax = fig.add_subplot(111, projection='3d')
ax.scatter(X, Y, Z, c='r',s=8)
ax.set_xlabel('X')
ax.set_ylabel('Y')
ax.set_zlabel('Z')
```

O Matplotlib nos permite trabalhar com dados tridimensionais, mas, para isso, temos que usar dois objetos que ainda não vimos: Figure e Axes. Figure é a classe que contém todos os elementos de um gráfico, e o Axes controla as coordenadas e vários parâmetros de um gráfico. O método "figure.add_suplot()" retorna a referência para um "Axe" onde você poderá plotar elementos. O parâmetro "111" significa: 1 linha, 1 coluna e 1 subplot. Combinando esses parâmetros, você pode criar vários gráficos dentro de uma figura. O parâmetro "projection" indica que enviaremos coordenadas em 3D. O resultado é este:

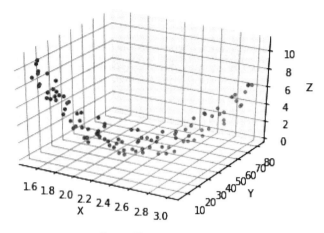

Figura 52: Nossos dados

Como pode ver, nossos dados são baseados em três dimensões, considerando o "Y" como variável dependente.

Primeiramente, eu trabalhei apenas com uma variável independente (o "X"):

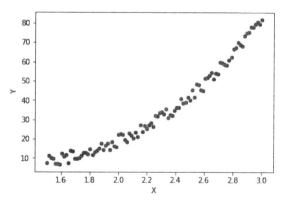

Figura 54: Max depth = 2

10.13.2 Dividindo a amostra

Sempre que trabalhamos com Machine Learning, devemos separar os dados para "treino" do modelo, dos dados para teste. Este procedimento nos permite saber como o modelo se comportará com dados que nunca viu, evitando introduzir viés por usarmos sempre os mesmos dados.

Eu recomendaria algo mais radical: Separe uma amostra diferente para desenvolver o modelo, criando dados de treino e de teste, e deixe outra amostra, coletada em período diferente, para validar o modelo.

```
X_train, X_test, y_train, y_test = train_test_split(X, Y, test_
size=0.33, random_state=42)
```

Usamos o "train_test_split", do Scikit-Learn, para separar os dados.

10.13.3 Profundidade e overfitting

As árvores de decisão podem ter profundidades diferentes. A profundidade é o tamanho (em camadas) desde a raiz até a folha:

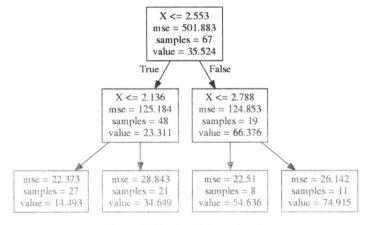

Figura 53: Dados bidimensionais

Na figura vemos uma árvore de decisão gerada com profundidade máxima de 2 níveis. Quanto mais níveis, maior o poder computacional exigido e melhor será a previsão para os dados.

Neste exemplo, eu criei dois modelos: um com profundidade máxima de 2 e outro de 5. Vejamos o modelo com profundidade máxima de 5:

CAPÍTULO 10 Regressão • 167

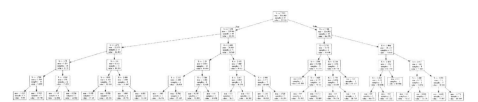

Figura 55: Profundidade máxima = 5

Você nem conseguirá ler a árvore. Para isto, tem que dar "zoom" no arquivo png.

Isso nos leva ao conceito de "overfitting", que é quando o modelo se ajusta bem demais nos dados conhecidos, porém, não consegue o mesmo resultado em dados para os quais não foi treinado.

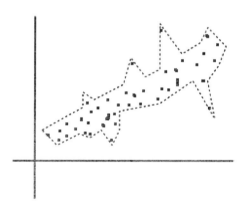

Figura 56: Simulação de overfitting

Como pode ver na figura, a linha pontilhada inclui tão bem a nossa amostra, que chega a contornar todas as "pontas". Porém, se submetermos dados desconhecidos a este modelo, provavelmente ele falhará na previsão.

10.13.4 Treinando os modelos

O código Python abaixo cria e treina os dois modelos de DecisioTreeRegressor (um com máximo de 2 níveis e outro com 5):

```
Xreshaped   =   X_train.reshape(-1,1)   #   DecisionTreeRegressor
```

```
expects 2d array...
dtrModel = DecisionTreeRegressor(max_depth=2, random_state=42)
dtrModel.fit(Xreshaped,y_train)
dtrModel5 = DecisionTreeRegressor(max_depth=5, random_state=42)
dtrModel5.fit(Xreshaped,y_train)
```

Vamos avaliar os dois modelos, primeiro utilizando o R^2 simples e depois com o "Cross Validation" (validação cruzada), que consiste em dividir nossos dados em várias partes, treiná-las e avaliá-las separadamente, obtendo os coeficientes de cada submodelo. As avaliações dos modelos são dadas por:

```
print('R2',dtrModel.score(Xreshaped,y_train))
R2 0.950115536188

xscores = cross_val_score(dtrModel,Xreshaped,y_train)
print(xscores)
[ 0.94186      0.90328405   0.95597184]
```

Nosso modelo com profundidade 2 está muito bom, agora vamos ver o modelo com profundidade 5:

```
print('R2',dtrModel5.score(Xreshaped,y_train))
R2 0.998122469992

xscores = cross_val_score(dtrModel5,Xreshaped,y_train)
print(xscores)
[ 0.97922115   0.97695241   0.99242184]
```

Bem, este modelo está melhor ainda.

Agora, é o momento de fazermos algumas predições com os modelos:

```
yhat = dtrModel.predict(X_test.reshape(-1,1))
yhat5 = dtrModel5.predict(X_test.reshape(-1,1))
```

E vamos plotar os dados originais e os previstos, para cada modelo. Usamos o parâmetro "marker", do método "scatter", para mudar o marcador que vamos usar. Primeiro, vamos plotar o modelo de profundidade 2:

```
plt.figure()
plt.scatter(X, Y, s=2, c='b', label="data")
plt.scatter(X_test, yhat, color="green", marker='d',
        label="max_depth=2", linewidth=2)
plt.xlabel("dados")
plt.ylabel("rótulos")
plt.title("Decision Tree Regression - Depth 2")
plt.legend()
```

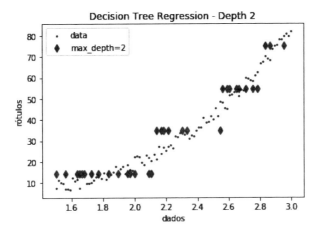

Figura 57: Previsões do modelo com profundidade 2

Já sei o que você está pensando: O que são essas retas? São as divisões de nossos dados de teste. Apesar de parecer ruim, estas previsões estão dentro do esperado.

Agora, vejamos o modelo com profundidade 5:

```
plt.figure()
plt.scatter(X, Y, s=2, c='b', label="data")
plt.scatter(X_test, yhat5, color="r", marker='*',
        label="max_depth=5", linewidth=2)
plt.xlabel("dados")
plt.ylabel("rótulos")
```

```
plt.title("Decision Tree Regression - Depth 5")
plt.legend()
```

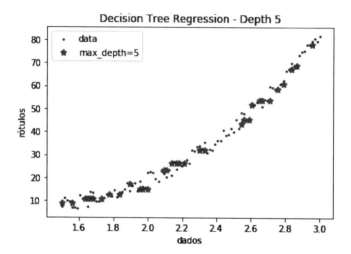

Figura 58: Profundidade 5

As estrelas são as previsões. Note como elas seguem bem o modelo, mas será que isto significa "overfitting"? Como esses dados praticamente não apresentam "outliers" fica difícil constatar. A melhor maneira seria rodar com uma segunda amostra de dados, para termos certeza de que ele consiga prever bem.

10.13.5 Decision tree multivariada

Agora é que veremos o poder do DecisionTreeRegressor! Vamos usar o conjunto original de dados, incluindo o "Z":

```
features = pd.DataFrame({'X':X, 'Z':Z})
labels = pd.DataFrame({'Y':Y})
features.head()
```

CAPÍTULO 10 Regressão • 171

	X	Z
0	1.500000	9.100573
1	1.515152	10.739013
2	1.530303	9.415939
3	1.545455	9.749926
4	1.560606	10.744213

```
labels.head()
```

	Y
0	7.497011
1	11.449809
2	10.242116
3	9.595877
4	6.945739

Separei os dados de treino e teste, e preparei um modelo com nível máximo de profundidade 4:

```
X_train, X_test, y_train, y_test = train_test_split(features, labels, test_size=0.33, random_state=42)
dtr3d = DecisionTreeRegressor(max_depth=4, random_state=42)
dtr3d.fit(X_train,y_train)
```

Mais uma vez fiz uma avaliação, primeiro com o R2 simples e depois utilizando Cross Validation:

```
print('R2',dtr3d.score(X_train,y_train))
R2 0.996323878358
xscores3d = cross_val_score(dtr3d,X_train,y_train)
print(xscores3d)
[ 0.97940543  0.98021599  0.98983185]
```

Parece muito bom. Provavelmente, há overfitting... Mas, vamos em frente e façamos algumas predições:

```
yhat3d = dtr3d.predict(X_test)
```

Agora, vamos "plotar" nossas predições sobre a visualização 3D dos dados:

```
fig = plt.figure()
ax = ax = fig.add_subplot(111, projection='3d')
ax.scatter(X, Y, Z, c='r',s=8)
ax.scatter(X_test['X'],     yhat3d,     X_test['Z'],     c='k',
marker='*',s=100)
ax.set_xlabel('X')
ax.set_ylabel('Y')
ax.set_zlabel('Z')
```

Pode ficar um pouco difícil de enxergar, mas eu usei estrelas pretas para as predições do modelo, e bolas vermelhas para os dados originais. Você pode observar isso melhor no notebook original:

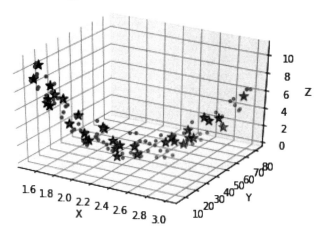

Figura 59: Fit perfeito

Podemos observar que as predições seguem muito bem os dados, havendo um "fit" perfeito. Isso pode ser "overfitting"... Seria interessante termos mais dados para comparar. Como eles foram gerados, isso não agregará valor, mas, se estivéssemos trabalhando com dados reais, seria o caso de coletar mais amostras para validar o modelo.

CAPÍTULO 11

Classificação

Os problemas de classificação são aqueles em que desejamos prever uma variável categórica. Podem ser de classificação binária, caso a categoria a ser prevista tenha apenas dois valores (sim e não, verdadeiro ou falso).

Podemos ter casos em que desejamos classificar dados em categorias multivaloradas, usando vários tipos de entradas, como: Imagens e Sons, por exemplo.

Neste capítulo, veremos uma técnica de supervised learning.

Existem vários algoritmos para classificação, entre eles:

- Regressão logística;
- Árvores de decisão;
- SVM – Support Vector Machine.

11.1 SVM

Podemos fazer análises classificatórias com vários algoritmos, mas SVM é um dos mais utilizados e pode apresentar bons resultados, graças a sua flexibilidade.

Support Vector Machines ou Máquina de Vetores de Suporte, é um algoritmo de Supervised Machine Learning ou Aprendizado de Máquina Supervisionado, capaz de separar grupos de elementos em categorias, classificando-os. É considerado um algoritmo classificador binário não probabilístico, cujo objetivo é encontrar uma reta (ou um plano) que separe os conjuntos de dados:

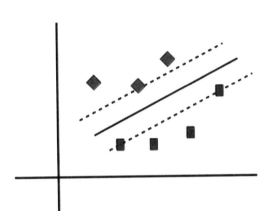

Figura 60: Separação de dados

Note que o SVM procura por uma "avenida" que separe os conjuntos de dados, ou classes. Ele procura maximizar a largura dessa "avenida", cujos limites são determinados por vetores de suporte, que passam pelos pontos limítrofes.

Algoritmos como o SVM são extremamente afetados pela diferente escala das variáveis independentes. Devemos alterar a escala das características (ou variáveis independentes) para que os valores não influenciem o modelo.

Variáveis categóricas podem ser um problema, se contiverem múltiplos valores, por exemplo: "Modelo" = {"sedã", "coupée", "suv"} . Neste caso, precisamos codificar os valores, transformando-os em números, porém, no caso do SVM, isso também pode atrapalhar, então, uma técnica recomendada é usar o padrão "One Hot Encoder" e criar variáveis separadas para cada valor.

No caso de categorias binárias, não há problema.

11.2 Churn prediction

O notebook deste exemplo está no repositório do livro (veja o capítulo "introdução") dentro de "book/capt11/churn_prediction.ipynb".

Um problema popular de classificação é o "Churn prediction", ou "Predição de evasão". Pode ser aplicado a diversos modelos de negócio, como: Escolas, Cursos ou Serviços continuados. Todo aquele negócio em que o relacionamento com o cliente é longo e dependemos dele para faturar.

Há algum tempo, quando eu lecionava em uma instituição de ensino, passamos por uma situação em que o "churn" (a evasão) de alunos aumentou bastante. Fui encarregado de entender os motivos do abandono e criar medidas proativas para reter esses alunos.

Então, depois de um levantamento intenso, coletamos amostras e realizamos um estudo que nos permitiu criar um modelo preditivo, com o qual, orientamos campanhas de retenção de alunos em risco de evasão, com medidas como: ofertas de bolsas, aulas de reforço e trabalhos extraordinários, para recuperar as médias.

Eu tentei recuperar o máximo que pude dos dados e tive que filtrar várias coisas, para evitar identificação do curso. É claro que isso afetou um pouco os resultados, porém, mesmo assim, pode ser utilizado para explicar classificação binária.

O objetivo é obter um modelo que ao ser alimentado com dados de alunos, retorne um valor binário, indicando se sim (1) ele está no grupo de risco de evasão, ou não (0) ele não está no grupo de risco de evasão.

Antes de continuar, preciso falar um pouco mais sobre como selecionamos os alunos e suas características. Para começar, retiramos da amostra os alunos beneficiados com bolsas maiores que 50% de desconto, pois estes são controlados por sistemas diferentes e perdem a bolsa automaticamente.

Depois, especificamos o período de coleta, que deveria ser semanal, iniciando-se logo após as notas da primeira prova terem sido lançadas.

As características do dataset ("evasao.csv") são:

- "periodo": O período em que o aluno está no momento da coleta;
- "bolsa": Percentual de bolsa de estudos com o qual o aluno foi beneficiado;
- "repetiu": Quantas disciplinas o aluno falhou em aprovação;
- "ematraso": Se o aluno está com mensalidades atrasadas;

- "disciplinas": Quantas disciplinas o aluno está cursando no período da coleta;
- "faltas": Quantas faltas o aluno teve no período, até o momento da coleta;
- "desempenho": A mediana das notas das disciplinas que ele está cursando no período da coleta;
- "abandonou": Se o aluno abandonou o curso ou não.

Coletamos os dados em dois períodos e depois os utilizamos para prever a evasão no período seguinte, e fomos acompanhando por algum tempo.

Para considerar se o aluno abandonou ou não o curso, quando ele trancou a matrícula, não reabriu a matrícula ou passou a faltar muitas aulas, sendo reprovado por isto.

Houve alguns problemas no levantamento que certamente afetaram o modelo, mas, como eu disse, nós o utilizamos com sucesso evitando cerca de 30% de evasão no período em que começamos a usá-lo para orientar campanhas proativas de recuperação de alunos.

11.1.2 Preparando os dados

Começamos importando as bibliotecas:

```
import pandas as pd
import numpy as np
from sklearn import svm, datasets
from sklearn.preprocessing import StandardScaler
from sklearn.model_selection import train_test_split
```

Note que usamos duas novas bibliotecas, como "svm" e "StandardScaler", ambas do pacote "Scikit-learn".

Depois, fizemos nosso "dever de casa" dando uma espiada nos dados:

```
df = pd.read_csv('evasao.csv')
df.head()
```

CAPÍTULO 11 Classificação • 177

	periodo	bolsa	repetiu	ematraso	disciplinas	faltas	desempenho	abandonou
0	2	0.25	8	1	4	0	0.000000	1
1	2	0.15	3	1	3	6	5.333333	0
2	4	0.10	0	1	1	0	8.000000	0
3	4	0.20	8	1	1	0	4.000000	1
4	1	0.20	3	1	1	1	8.000000	0

Temos variáveis com escalas bem diferentes, e precisaremos trabalhar isso.

```
df.describe()
```

	periodo	bolsa	repetiu	ematraso	disciplinas	faltas	desempenho	abandonou
count	300.000000	300.000000	300.000000	300.000000	300.000000	300.000000	300.000000	300.000000
mean	5.460000	0.123333	2.776667	0.476667	2.293333	2.213333	2.623111	0.410000
std	2.937772	0.086490	2.530111	0.500290	1.648133	2.734853	2.583423	0.492655
min	1.000000	0.000000	0.000000	0.000000	0.000000	0.000000	0.000000	0.000000
25%	3.000000	0.050000	0.000000	0.000000	1.000000	0.000000	0.400000	0.000000
50%	5.000000	0.100000	2.000000	0.000000	2.000000	1.000000	2.000000	0.000000
75%	8.000000	0.200000	5.000000	1.000000	4.000000	4.000000	4.000000	1.000000
max	10.000000	0.250000	8.000000	1.000000	5.000000	10.000000	10.000000	1.000000

Figura 61: Estatística descritiva

Bem, não temos nenhum dado faltando, o que é muito bom.

Eu gosto de separar o DataFrame original, criando um só com as características (variáveis independentes) e outro com os rótulos (variável dependente):

```
features = df[['periodo','bolsa','repetiu','ematraso','discipli
nas','faltas']]
labels = df[['abandonou']]
```

Em Machine learning sempre separamos a amostra em dados de treino e dados de teste. O motivo para isso é que precisamos testar o modelo com dados que ele jamais tenha "visto", para evitar viés na avaliação. Se usarmos os dados todos para treino, pode ser que não tenhamos dados para testar o modelo antes de fazer predições com ele. Como saberemos, se não há "overfitting" ou "underfitting"?

```
X_train, X_test, y_train, y_test = train_test_split(features,
labels, test_size=0.33, random_state=42)
```

Talvez você esteja se perguntando o motivo de usarmos "X" maiúsculo para as características e "y" minúsculo para os rótulos. É uma questão de semântica, pois usamos maiúsculas para denotar que as características podem ser múltiplas (vetor de vetores), mas os rótulos são vetores simples.

Com o tamanho de 33% para os dados de teste, teremos uma boa margem para treinar e testar o modelo.

11.1.3 Ajustando a escala

Usamos a função "StandardScaler", do Scikit-learn, para ajustar a escala das variáveis zerando sua média e usando desvio padrão 1.

Precisamos retirar a variável categórica ("ematraso") e depois adicioná-la:

```
padronizador = StandardScaler().fit(X_train[['periodo', 'bolsa',
'repetiu', 'disciplinas', 'faltas']])
X_train_1       =        pd.DataFrame(padronizador.transform(X_
train[['periodo', 'bolsa', 'repetiu', 'disciplinas', 'faltas']]))
X_train_scaled = pd.DataFrame(X_train_1)
X_train_scaled = X_train_scaled.assign(e = X_train['ematraso'].
values)
X_train_scaled.head()
```

Poderíamos ter usado o método "fit_transform()" que faz tudo de uma só vez, mas precisamos usar o modelo do scaler para usar com os dados de teste.

11.1.4 Kernel e hiperparâmetros

O SVM é conhecido como um "kernel method" porque podemos variar a função ("kernel") usada para encontrar similaridades. O tipo de kernel é um dos hiperparâmetros do SVM, que precisamos ajustar para obter o melhor modelo possível. Os **hiperparâmetros** que "brincamos" foram:

- Tipo de kernel: "linear", "rbf" (Radial basis function), "poly" (polinomial) entre vários ouros;

- C: Tolerância para violações de margem. Quanto menor, mais larga a "avenida", porém com mais violações (pontos no meio da rua);

- Gamma: Para alguns kernels, controla a influência dos exemplos do treino, ampliando (gamma maior) ou reduzindo (gamma menor) o modelo.

Rode vários modelos e teste o score (R2), mas saiba que ele pode ser ilusório, em modelos classificatórios.

O modelo com kernel polinomial, com C=2 e Gamma=10, foi o que apresentou o melhor score:

```
modeloPoly = svm.SVC(kernel='poly',C=2,gamma=10)
modeloPoly.fit(X_train_scaled.values, y_train.values.reshape(y_train.size))
modeloPoly.score(X_train_scaled.values, y_train.values.reshape(y_train.size))

0.91542288557213936
```

Primeiro, criamos o modelo, especificando os hiperparâmetros, depois, treinamos o modelo, com os nossos dados de treino (eu fiz um reshape no vetor "y_train" para eliminar o índice e evitar "warnings").

11.1.5 Fazendo predições

Eu peguei cada modelo e fui testando. Para testar é simples: basta pegar as predições e comparar com os valores reais dos testes. Eu poderia ter usado "cross validation", mas fiz uma rotina Python para isso, o que revelou melhor os resultados que eu queria.

```
def printResults(pr):
```

```
    acertos = 0
    errosAbandono = 0
    errosPermanencia = 0
    for n in range(0,len(pr)):
        if pr[n] == y_test.values.flatten()[n]:
            acertos = acertos + 1
        else:
            if pr[n] == 0:
                errosAbandono = errosAbandono + 1
            else:
                errosPermanencia = errosPermanencia + 1
    print('Acertos',acertos)
    print('Percentual',acertos / len(pr))
    print('Erramos ao dizer que o aluno abandonou', errosAbandono)
    print('Erramos ao dizer que o aluno permaneceu', errosPermanencia)
```

E rodamos o teste para cada modelo que criamos:

```
predicoes = modeloRbfg10.predict(X_test_scaled)
printResults(predicoes)
Acertos 56
Percentual 0.5656565656565656
Erramos ao dizer que o aluno abandonou 43
Erramos ao dizer que o aluno permaneceu 0

predicoesGamma1 = modeloRbf.predict(X_test_scaled)
printResults(predicoesGamma1)
Acertos 68
Percentual 0.6868686868686869
Erramos ao dizer que o aluno abandonou 23
Erramos ao dizer que o aluno permaneceu 8

predicoesPoly = modeloPoly.predict(X_test_scaled)
printResults(predicoesPoly)
Acertos 61
```

```
Percentual 0.6161616161616161
Erramos ao dizer que o aluno abandonou 19
Erramos ao dizer que o aluno permaneceu 19

predicoesSig = modeloSig.predict(X_test_scaled)
printResults(predicoesSig)
Acertos 54
Percentual 0.5454545454545454
Erramos ao dizer que o aluno abandonou 19
Erramos ao dizer que o aluno permaneceu 26
```

O melhor que conseguimos foi aquele com kernel RBF, C=2 e gama = auto. Com ele, tivemos menos erros totais e o mais importante: erramos menos ao dizer que o aluno permaneceu. Temos dois tipos de erros:

- Dizer que o aluno abandonaria, sem ele ter realmente abandonado;
- Dizer que o aluno não abandonaria, quando ele efetivamente abandonou.

O segundo erro é mais relevante para o nosso problema, pois queremos ser proativos e evitar o abandono. Ao considerar que um aluno tem baixo risco de abandonar e depois vermos que ele efetivamente abandonou, estamos sendo menos proativos.

11.1.6 Conclusões do trabalho

Na verdade, os resultados foram ligeiramente melhores que estes, e repetimos o treinamento dos modelos algumas vezes, com amostras diferentes. Mas eu não posso colocar esses resultados aqui. No final, reduzimos muito o erro grave (falhar em prever o abandono), mesmo aumentando o erro leve (prever abandono incorretamente).

11.1.7 Sobre classificação

Geralmente, os cursos e livros mostram exemplos mais "sexies" de classificação, usando imagens, por exemplo. Um exemplo muito comum é usar o dataset MNIST (http://yann.lecun.com/exdb/mnist/) que contém amostras de dígitos escritos manualmente por alunos de escolas dos Estados Unidos.

Vários livros e cursos usam exemplos baseados no MNIST para classificar amostras de imagens em dígitos reais, fazendo reconhecimento de escrita.

O próprio Scikit-learn tem um excelente exemplo disso, usando SVM (svm.SVC). O truque é a preparação das imagens, transformando-as em vetores "achatados" para avaliação.

O exemplo do Scikit-learn pode ser encontrado em: http://scikit-learn.org/stable/auto_examples/classification/plot_digits_classification.html

Outros métodos de classificação importantes são os baseados em Deep learning ou redes neurais. O TensorFlow é uma das bibliotecas para isto.

Como sugestão, por que você não usa outro classificador com estes mesmos dados? Por exemplo, o Scikit-learn tem o DecistionTreeClassifier (http://scikit-learn.org/stable/modules/generated/sklearn.tree.DecisionTreeClassifier.html) que pode ser perfeitamente aplicado a estes dados.

CAPÍTULO 12

Agrupamento (clusterização)

Agrupamento ou clusterização é uma tarefa de aprendizado de máquina não supervisionado (Unsupervised Machine Learning), na qual não fornecemos nenhum treinamento para o algoritmo, e ele tenta descobrir agrupamentos dos nossos dados.

Isto é muito interessante para detectarmos padrões nos nossos dados, e pode ser utilizado para uma variedade de tarefas, por exemplo:

- Descobrir como nossos clientes se agrupam;
- Classificar imagens;
- Descobrir padrões em observações.

Existem muitos algoritmos para agrupamento, entre eles:

- **k-means**: Agrupa os dados tentando separar as amostras em grupos de variância igual com relação aos pontos médios, chamados de "centroids";

- **DBSCAN**: Density-based spatial clustering of applications with noise (Agrupamento espacial de aplicações com ruído, baseado em densidade) agrupa os pontos que estejam mais próximos, separando regiões mais densas de regiões menos densas;

- **Agrupamento espectral (Spectral clustering)**: Trata os dados como um problema de particionamento de grafos.

12.1 K-means

Para demonstrar o agrupamento, vou usar o algoritmo K-means. É um método de clustering que particiona as observações entre "k" grupos, nos quais cada observação pertence ao grupo mais próximo da média.

Ele funciona selecionando pontos centrais (médias) aleatoriamente, chamados de "centroides" (centroids) e associa os outros pontos aos centroides mais próximos, de acordo com a média. O processo é repetido e os centroides vão sendo substituídos até que não haja mais nenhuma substituição.

Com o K-means, nosso rótulo (o resultado) é o número do grupo ao qual o ponto observado pertence. Não se trata de uma regressão, mas de uma classificação não supervisionada. Ele tentará dividir as amostras em grupos e associará cada ponto a um destes grupos.

Se você estiver utilizando mais de uma variável, deve certificar-se de que estejam na mesma escala, pois este algoritmo é bem sensível a escalas diferentes. Mesmo que estejam na mesma escala, se as variações forem diferentes, é interessante tentar padronizá-las. Você pode usar a função "sklearn.preprocessing.scale" para isto.

12.2 Exemplos

Há um notebook no nosso repositório (veja o capítulo de introdução) chamado: "book/capt12/kmeans-sample.ipynb".

Primeiramente, vou gerar dados agrupados em quatro clusters, para demonstrar o funcionamento do K-means. Eis o código Python que eu utilizei:

```
np.random.seed(seed=101)
somex = np.random.randn(4)
centroids = np.array([[x,np.random.randn()] for x in somex])
X = np.zeros(shape=(104,2))
z = 0
plt.scatter(centroids[:,0],centroids[:,1],c='r',marker='d')
for centroid in centroids:
    X[z] = centroid
    z = z+1
    for i in range(0,25):
        x = 0.12 * np.random.randn() + centroid[0]
        y = 0.12 * np.random.randn() + centroid[1]
        X[z] = [x,y]
```

```
        z = z+1
plt.scatter(X[:,0],X[:,1],c='b',marker='*')
plt.scatter(centroids[:,0],centroids[:,1],c='r',marker='d')
```

Eu gerei um vetor com quatro centroides aleatórios, e, para cada um, gerei um conjunto de 24 pontos aleatórios, variando em torno de suas coordenadas. Eis o gráfico dos dados gerados:

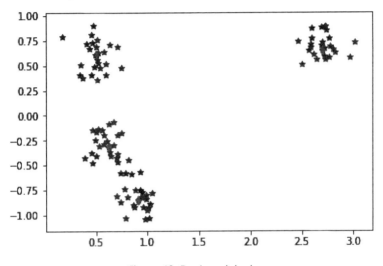

Figura 62: Dados originais

Talvez você não consiga distinguir os centroides que são diamantes vermelhos, mas, se olhar no Notebook os identificará. Temos quatro grupos distintos como podemos ver.

Eu usei a classe "sklearn.cluster.Kmeans" para criar um algoritmo com no máximo quatro grupos (parâmetro "n_clusters"):

```
model = Kmeans(n_clusters=4)
model = model.fit(X)
```

A propriedade "labels_" do modelo nos informa quais foram as associações com os centroides, portanto, quantos clusters foram encontrados e a quais pontos pertencem. Eis os rótulos de grupos encontrados:

```
print(model.labels_)

[0 0 0 0 0 0 0 0 0 0 0 0 0 0 0 0 0 0 0 0 0 0 0 0 0 0 0 0 1 1 1 1
 1 1 1 1 3 1
 1 1 1 1 1 1 1 1 1 1 1 1 1 1 1 1 3 3 3 3 3 3 3 3 3 3 3 3 3 3 3 3
 3 3 3 3 3 3
 3 3 3 3 2 2 2 2 2 2 2 2 2 2 2 2 2 2 2 2 2 2 2 2 2 2 2 2 2 2 2 2]
```

Ele encontrou os quatro grupos e cada ocorrência deste vetor corresponde a um dos pontos da amostra, com o seu grupo associado.

Finalmente, plotamos os clusters encontrados. Usamos um "macete" para colocar a cor de acordo com o número do cluster (parâmetro "c"):

```
plt.figure()
plt.scatter(X[:,0],X[:,1],c=model.labels_.astype(float))
plt.show()
```

Eis a figura gerada:

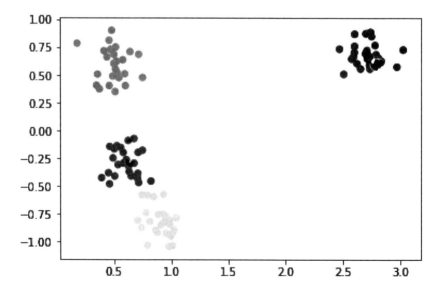

Figura 63: Clusters

12.3 Exemplo real

Bem, vimos um exemplo "fabricado", mas como o k-means funcionaria com um exemplo real? Podemos pegar o dataset que usamos no estudo de *Churn prediction* (evasão escolar) e ver se encontramos algum agrupamento dos dados.

```
df = pd.read_csv('evasao.csv')
df.head()
```

	periodo	bolsa	repetiu	ematraso	disciplinas	faltas	desempenho	abandonou
0	2	0.25	8	1	4	0	0.000000	1
1	2	0.15	3	1	3	6	5.333333	0
2	4	0.10	0	1	1	0	8.000000	0
3	4	0.20	8	1	1	0	4.000000	1
4	1	0.20	3	1	1	1	8.000000	0

Tentar agrupar todas essas variáveis será complicado, afinal, temos uma variável categórica ("ematraso") e acabaríamos com um modelo multidimensional, o qual não poderíamos visualizar. Então, selecionei a melhor combinação (depois de algumas tentativas):

```
df2 = df[['periodo','repetiu','desempenho']][df.abandonou == 1]
```

Peguei apenas os alunos que efetivamente abandonaram o curso, e selecionei as variáveis: "período", "repetiu" e "desempenho". Todas têm a mesma escala e são bem relacionadas.

```
df2.head()
```

	periodo	repetiu	desempenho
0	2	8	0.0
3	4	8	4.0
5	5	2	3.5
7	2	3	4.5

	periodo	repetiu	desempenho
14	3	4	2.5

Primeiramente, vou plotar os dados para tentar visualizar alguma coisa:

```
fig = plt.figure()
#ax = fig.add_subplot(111, projection='3d')
ax = Axes3D(fig) # Para Matplotlib 0.99
ax.scatter(xs=df2['periodo'],ys=df2['repetiu'],zs=df2['desempen
ho'], c='r',s=8)
ax.set_xlabel('periodo')
ax.set_ylabel('repetiu')
ax.set_zlabel('desempenho')
```

Se você estiver usando Matplotlib versão 0.99, em vez de adicionar um subplot, deve usar o objeto "Axes3D". Eu deixei as duas linhas no exemplo.

Eis os dados:

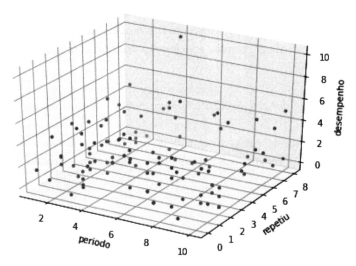

Figura 64: Dados originais

De cara, vemos uma divisão entre os períodos iniciais e os finais. Há uma área intermediária com pouco abandono. Estes grupos estão mais abaixo do desempenho nível 4. Mas vamos seguir com o modelo.

CAPÍTULO 12 Agrupamento (clusterização) • 189

Como pode observar, as variáveis estão na mesma escala. Apesar de existir alguns poucos *outliers*, a variação não é muito diferente, logo, não faz sentido mudarmos a escala das variáveis.

Vamos criar o modelo e rodar:

```
model_cp = model.fit(df2)
cluster_df = df2.assign(cluster = model_cp.labels_)
print(model_cp.labels_)
cluster1 = cluster_df[cluster_df.cluster==0]
cluster2 = cluster_df[cluster_df.cluster==1]
cluster3 = cluster_df[cluster_df.cluster==2]
cluster4 = cluster_df[cluster_df.cluster==3]
```

Eu usei o método "fit" e criei um DataFrame ("cluster_df") adicionando a coluna "cluster", que indica em qual grupo o ponto está. Depois, gerei séries separadas com os pontos de cada cluster, para poder marcá-los de forma diferente no gráfico.

Primeiramente, eu plotei os pontos de cada cluster, separando o marcador e a cor utilizada:

```
fig=plt.figure()
ax = fig.add_subplot(111, projection='3d')
ax.scatter(xs=cluster1['periodo'],ys=cluster1['repetiu'],zs=cluster1['desempenho'], c='b', marker='d', s=18)
ax.scatter(xs=cluster2['periodo'],ys=cluster2['repetiu'],zs=cluster2['desempenho'], c='r', marker='*', s=18)
ax.scatter(xs=cluster3['periodo'],ys=cluster3['repetiu'],zs=cluster3['desempenho'], c='g', marker='o', s=18)
ax.scatter(xs=cluster4['periodo'],ys=cluster4['repetiu'],zs=cluster4['desempenho'], c='m', marker='+', s=38)
ax.set_xlabel('periodo')
ax.set_ylabel('repetiu')
ax.set_zlabel('desempenho')
```

Talvez seja melhor você ver isso diretamente no Notebook.

Finalmente, eu plotei os centroides de cada cluster:

```
ax.scatter(xs=model_cp.cluster_centers_[0,0],ys=model_
cp.cluster_centers_[0,1],zs=model_cp.cluster_centers_[0,2],
c='k', marker='s', s=100)
ax.scatter(xs=model_cp.cluster_centers_[1,0],ys=model_
cp.cluster_centers_[1,1],zs=model_cp.cluster_centers_[1,2],
c='k', marker='s', s=100)
ax.scatter(xs=model_cp.cluster_centers_[2,0],ys=model_
cp.cluster_centers_[2,1],zs=model_cp.cluster_centers_[2,2],
c='k', marker='s', s=100)
ax.scatter(xs=model_cp.cluster_centers_[3,0],ys=model_
cp.cluster_centers_[3,1],zs=model_cp.cluster_centers_[3,2],
c='k', marker='s', s=100)
```

A propriedade "cluster_centers_" retorna um vetor bidimensional com as coordenadas de cada centroide de cada cluster.

O resultado foi este:

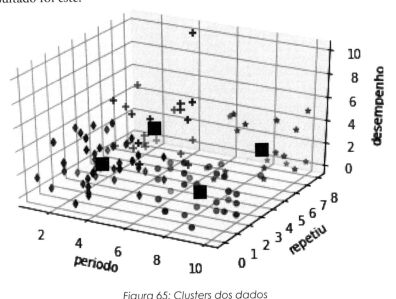

Figura 65: Clusters dos dados

Temos quatro grupos, dois mais densos e dois menos densos. Vamos analisá-los:

1. Períodos iniciais, até quatro reprovações: Alunos que estavam no início do curso e ficaram desestimulados com as reprovações. É o maior grupo;

2. Períodos finais, até quatro reprovações: Alunos que ficaram desanimados no final do curso;

3. Períodos iniciais, acima de quatro reprovações: Óbvio;

4. Períodos finais, acima de quatro reprovações: Igualmente óbvio.

Certamente, o tratamento para quem tem até quatro reprovações deve ser diferenciado. Talvez, não valha a pena investir nos alunos com mais de quatro reprovações, até porque são grupos menores.

Podemos tentar outras combinações. Aliás, por que você não faz isto?

CAPÍTULO 13

Deep learning

O título não poderia ser mais "sci-fi", não? Deep learning (ou aprendizagem profunda) é um ramo da Data Science, mais especificamente de Machine learning, que utiliza grafos de funções em camadas para resolver problemas de classificação e regressão, supervisionados ou não.

Estes grafos em camadas são também conhecidos pela metáfora: "Rede neural", pois se parecem com a arquitetura do cérebro humano.

Neste capítulo, veremos uma breve (turbo) introdução às redes neurais, mas focarei na aplicação prática, utilizando a biblioteca TensorFlow. Não se assuste com os termos e as fórmulas.

Podemos utilizar redes neurais para problemas de regressão (resultado contínuo) ou classificação (resultado categórico).

13.1 Técnicas e configuração

Você ouvirá e lerá muitas vezes os acrônimos: ANN, CNN e RNN, como tipos e técnicas de implementação de grafos de camadas de unidades de processamento. Estas técnicas podem ser utilizadas em diversos tipos de problemas de Data Science, com bastante proveito.

13.1.1 Artificial Neural Network

Rede neural artificial ou ANN é uma coleção de unidades de processamento conectadas, geralmente em camadas diferentes, análogas aos neurônios de um cérebro biológico. Cada neurônio possui conexões, chamadas de sinapses, através das quais recebe estímulos (no nosso caso, números) e então, processa os sinais recebidos e decide se propaga um sinal para o próximo neurônio.

Figura 66: Neurônio artificial

Os neurônios não são simples propagadores de sinais (amplificadores ou multiplicadores). Eles são ativados e "disparam" uma saída se a entrada atingir um determinado nível (ou valor). Isto é decidido por uma função interna, chamada de "função de ativação".

Dado um conjunto de entradas, a rede neural produz um conjunto de saídas. Se estivermos treinando a rede, podemos comparar as saídas com os rótulos originais, estabelecendo os erros encontrados.

E procuramos otimizar o modelo, reduzindo os erros encontrados. A cada interação, o processo de otimização altera os valores dos pesos das conexões entre os neurônios, buscando minimizar os erros.

Ao final, temos um modelo que se aproxima bastante do resultado real. A rede "aprendeu" com seus erros e armazenou o conhecimento na forma de um modelo preditivo.

Antes de vermos a parte prática, é necessário entender alguns conceitos e a mecânica do processo de aprendizagem de uma rede neural.

13.1.2 Função de ativação

Os neurônios somente geram uma saída de acordo com uma função de ativação. Geralmente, combinam as entradas de suas conexões, multiplicando os valores pelos pesos e somando tudo, e depois submetem à sua função de ativação, que resultará em um valor de saída, o qual será propagado para os próximos neurônios.

Uma função de ativação muito comum, e que você verá muito, é a Sigmoide (**Sigmoid**):

$$f(x) = \frac{1}{1 + e^{-\lambda x}}$$

Esta função tem um gráfico como este:

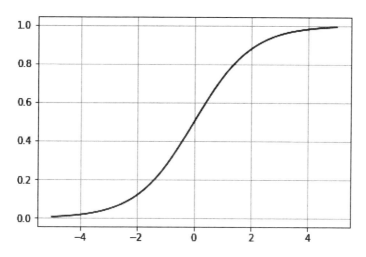

Figura 67: Sigmóide

Este gráfico foi criado por este código em Python:

```
import numpy as np
import matplotlib.pyplot as plt
%matplotlib inline
sigmoid = lambda x: 1 / (1 + np.exp(-x))
x=np.linspace(-5,5,50)
plt.plot(x,sigmoid(x),'b')
plt.grid()
```

O neurônio é ativado quando o valor da entrada passa de determinado ponto. Podemos também ter pesos associados às sinapses, que podem aumentar ou diminuir a intensidade do sinal. Geralmente, estes pesos são atribuídos por processos de aprendizado.

Existem várias funções de ativação, cada uma produzindo resultados diferentes. Por exemplo, temos a **Softmax**:

$$S(\overline{x}) = \frac{e^{x_1}}{\sum_{i=1}^{N} e^{x_1}}$$

Onde "x" é o vetor de características e "e" é o número neperiano (aproximadamente 2,718).

O gráfico desta função é:

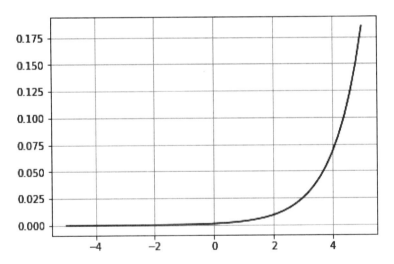

Figura 68: Softmax

E o código em Python seria este:

```
softmax = lambda W: np.exp(np.array(W)) / np.sum(np.exp(np.array(W)))
x=np.linspace(-5,5,50)
W=softmax(x)
```

```
plt.plot(x,W,'b')
plt.grid()
```

E temos a RELU "Rectified Linear Unit":

ReLux(x) = max (0,x)

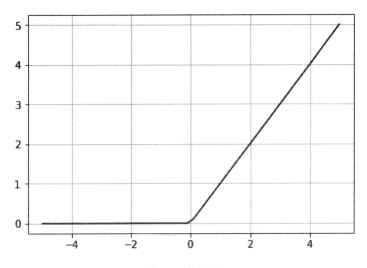

Figura 69: ReLU

A implementação em Python seria assim:

```
ReLU = lambda w: np.maximum(w,0)
x=np.linspace(-5,5,50)
plt.plot(x,ReLU(x),'b')
plt.grid()
```

13.1.3 Camadas

Os neurônios são organizados em camadas, uma de entrada e outra de saída, com uma ou mais camadas "ocultas" entre as duas. Se todos os neurônios de uma camada forem conectados a todos os neurônios da camada seguinte, temos uma rede totalmente conectada, embora existam casos em que nem todos os neurônios são conectados aos da camada anterior (CNN).

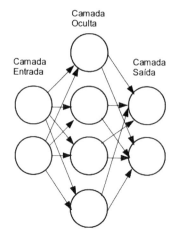

Figura 70: Camadas de neurônios

Podemos ter diferentes funções de ativação nas camadas, interoperando para gerar os resultados desejados.

Os neurônios da camada de entrada, geralmente, não executam funções de ativação, apenas propagam os valores recebidos.

13.1.4 Pesos e bias

As ligações entre os neurônios contêm pesos atribuídos a elas. Estes pesos aumentam ou diminuem a influência da saída de determinado neurônio sobre a entrada de outro.

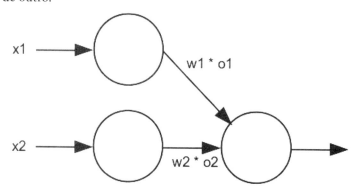

Figura 71: Pesos das ligações

A saída de cada neurônio da camada anterior (ox) é multiplicada pelo peso da ligação (wx) e combinada com as outras saídas, sendo então submetida à função de ativação do neurônio.

O bias (viés) é um neurônio especial, com valor fixo (1), que serve para deslocar a curva da função. Seu uso é aproximadamente ao do coeficiente linear, em uma função de primeiro grau. Cada camada (exceto a final – output) tem um neurônio adicionado, geralmente com valor +1. Este neurônio não recebe nenhuma entrada, mas gera uma saída fixa (+1) e tem o seu próprio peso. O uso do viés flexibiliza o modelo, permitindo deslocar a curva final, para a direita ou esquerda, sem passar pela origem.

13.1.5 Função de erro (ou de perda)

Para treinar uma rede neural, é preciso estabelecer uma função de erro ou de perda, utilizando os valores finais e os valores de exemplo. A função de erro mais comum é:

$$E = \sum \frac{1}{2}(y´-y)^2$$

Onde y' é o valor calculado pela rede, e y é o valor esperado. Esta função é conhecida como MSE (Mean Squared Error – Erro quadrático médio).

A função de perda é utilizada na otimização da rede, e a técnica de **backpropagation** na qual usamos os erros para ajustar os pesos das conexões entre os neurônios. O processo é simples:

1. Propaga-se os valores das entradas (e dos neurônios "bias") para a frente, até chegar aos valores finais, emitidos pela camada de saída;

2. Calcula-se o erro;

3. Propaga-se o erro de volta pela rede, calculando a contribuição de cada camada para o erro;

4. Atualiza-se o valor dos pesos das conexões, de acordo com a taxa de aprendizado.

A taxa de aprendizado controla a velocidade de aprendizado. Quanto maior, mais rápido, porém menos preciso.

Outra função de custo interessante é a "**cross entropy**", que é mais indicada para problemas de classificação.

13.1.6 Algoritmos de otimização

Otimizar a função de erro é encontrar seus mínimos, ou seja, os valores de pesos que minimizem os erros. São feitos ajustes a cada execução com os dados de treino, para aproximar os valores encontrados aos valores reais.

Há vários algoritmos para otimizar a função de erro. O mais comum é o "**Gradient Descent**" ou Gradiente descendente. A partir de pesos escolhidos aleatoriamente, a cada execução é calculado o gradiente da função de erro e os pesos são ajustados para tornar este gradiente menos inclinado até chegar a um valor próximo do mínimo.

Outros algoritmos de otimização:

- Stochastic Gradient Descent (SGD);
- Adaptive Moment Estimation (ADAM).

13.1.7 Convolutional Neural Network

Rede neural convolucional ou CNN, é uma técnica de deep learning muito utilizada para reconhecimento de imagens, requer pouco ou nenhum pré-processamento de imagens.

Em uma CNN, as camadas de neurônios não estão totalmente conectadas, e são divididas em áreas separadas da imagem, cada uma processando um pedaço específico.

Podemos ter uma CNN (parcialmente conectada) para aprender sobre as características dos objetos, ligada a um grupo de camadas totalmente conectadas (fully connected) para classificar os objetos de acordo com as características aprendidas.

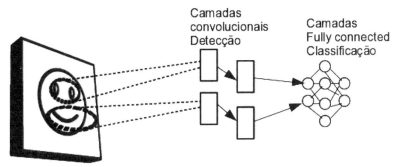

Figura 72: Camadas convolucionais

13.1.8 Recurrent Neural Networks

Rede neural recorrente ou RNN, é uma arquitetura onde há retroalimentação (feedback) de resultados nos neurônios.

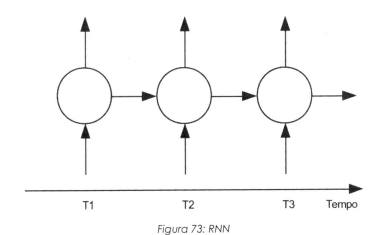

Figura 73: RNN

Ao longo do tempo, a saída de um neurônio é usada para realimentá-lo, influenciando o resultado da próxima interação.

Em vez de serem independentes, os resultados passam a ser baseados em uma sequência, fazendo das RNN's boas alternativas para processamento de eventos sequenciais ou temporais. Reconhecimento de fala ou de escrita são algumas das aplicações mais comuns.

13.2 TensorFlow

http://www.tensorflow.org

É uma biblioteca que organiza os valores e as operações em um grafo de tensores. Um tensor é um array multidimensional. Com ela, podemos implementar modelos de redes neurais.

O TensorFlow pode escalar para ser executado em clusters computacionais, com múltiplos processadores, incluindo GPUs, o que lhe confere extrema flexibilidade e poder computacional.

Atualmente, sua API suporta as linguagens: Python, C++, Java e Go.

13.2.1 Playground

Em vez de simplesmente falarmos sobre o TensorFlow, é melhor você dar uma olhada como ele funciona e o que pode fazer. Em seu navegador, vá para a URL: http://playground.tensorflow.org

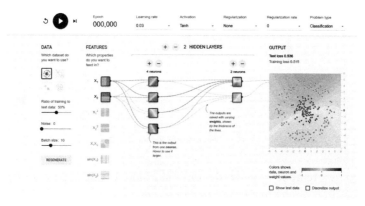

Figura 74: Playground do TensorFlow

Atenção: Este não é o TensorFlow de verdade! É uma biblioteca, feita em Typescript, para uso no Navegador!

Observe a figura grande à direita. Notamos que existem duas categorias de dados, um centro e uma orla. O TensorFlow pode classificar estes dados rapidamente, sem nada mais fazermos. Há uma camada de neurônios de entrada (um para cada variável), uma camada oculta (hidden layer) e uma camada de saída (output). Os resultados da saída são combinados para indicar qual a categoria de cada ponto.

Sem fazer nada, clique no botão "play", no canto superior esquerdo, e aguarde cerca de 5 segundos. A imagem final deve ficar como esta:

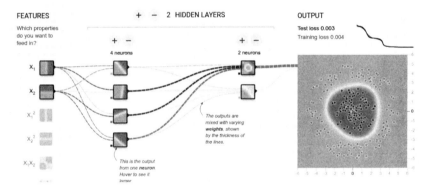

Figura 75: Final

Na figura à direita, vemos que os pontos foram classificados e também vemos o quanto foi possível otimizar a função de perda (erro). Também vemos as ligações dos neurônios e podemos saber quais foram mais relevantes para o resultado. Se passar o mouse por cima, é possível ver os pesos.

Se você não alterou nada, os parâmetros que usamos foram:

- Taxa de aprendizado: 0,03;
- Função de ativação: Tangente hiperbólica;

Você pode alterar o tipo de problema para Regressão, e pode brincar com as funções de ativação, acrescentar ou reduzir a quantidade de camadas e a quantidade de neurônios, enfim, é bem legal para começar a entender Deep Learning.

13.2.2 Turbo prime

Sei que despertei sua curiosidade sobre o TensorFlow, então, vamos satisfazê-la. A maneira que vou mostrar agora, não é a melhor maneira de se usar o TensorFlow, mas, pelo menos, reduzirá o desconforto em aprender coisas novas. Vamos criar tensores e um pequeno grafo de operações encadeadas, para lhe dar um sabor do que seja esta biblioteca.

Há um notebook no repositório (veja o capítulo de introdução) chamado: "book/capt13/ANN.ipynb". Abra-o e vamos seguir o exemplo inicial de TensorFlow.

No exemplo, eu uso o nosso conhecido dataset "pesos-alturas.csv". Aliás, tem uma pasta "datasets", na raiz do repositório, com todos os datasets utilizados no livro e mais alguns, que coletei de várias fontes (incluindo IPEA e IBGE). Se você encontrar algum problema com dataset faltando, é só procurar nesta pasta.

13.2.3 Variáveis e Placeholders

No TensorFlow, a unidade de trabalho é o Tensor que, segundo a Wikipedia, é:

"Tensores são entidades geométricas introduzidas na matemática e na física para generalizar a noção de escalares, vetores e matrizes. Assim como tais entidades, um tensor é uma forma de representação associada a um conjunto de operações tais como a soma e o produto." (https://pt.wikipedia.org/wiki/Tensor).

Ele calcula grafos computacionais, cujos nós recebem um ou mais Tensores de entrada e produzem um Tensor de saída. Temos vários tipos de Tensores, entre eles:

- Constantes (tf.constant): Abriga um tensor de constantes;
- Placeholders (tf.placeholder): Um valor que será fornecido posteriormente;
- Variáveis (tf.variable): Uma variável que pode ser modificada pelo algoritmo do TensorFlow;

A diferença entre placeholder e variável parece sutil, mas é fundamental. Placeholder é o que o nome diz, ou seja, um nome que será ocupado por valores fornecidos externamente. Eles não serão modificados pelo modelo durante o treinamento. Uma variável é algo que você quer encontrar, cujo valor não será fornecido externamente. O modelo modifica as variáveis para encontrar a melhor solução possível.

Nada acontece com os tensores enquanto você não abrir uma sessão com o TensorFlow e mandar executar um grafo.

Vou criar um modelo linear simples (y = ax + b), para fazer uma regressão. Primeiramente, preciso criar as variáveis que o modelo deverá encontrar os coeficientes angular e linear ("a" e "b"):

```
a = tf.Variable(np.random.randn(), name="ca")
b = tf.Variable(np.random.randn(), name="cl")
```

Agora, eu preciso criar dois placeholders para os valores que eu fornecerei, ou seja o vetor de variáveis independentes ("x") e o de dependentes ("y"), que será fornecido para treinamento do modelo:

```
x = tf.placeholder("float")
y = tf.placeholder("float")
```

13.2.4 Nós

Nada aconteceu até agora, pois eu não criei sessão alguma. Vou definir o meu grafo de operações, criando um nó:

```
y_hat = tf.add(tf.multiply(x, a), b)
```

O modelo será a multiplicação de "x" por "a" e depois a soma com "b". O resultado será armazenado em "y_hat", que é o meu vetor de predições.

13.2.5 Função de perda

Como eu avalio este modelo? Eu quero usar o Gradient Descent para avaliar uma função de perda... Vou usar MSE mesmo. Então, preciso criar outro nó que abrigue esta função:

```
perda = tf.reduce_sum(tf.pow(y_hat - y, 2)/2)
```

O objetivo da função é reduzir o valor da função MSE, com isto, saberei quando a reta preditiva estará na melhor posição possível.

13.2.6 Taxa de aprendizado

Eu preciso definir um parâmetro importantíssimo, que é a taxa de aprendizado (learning rate). Ao usar o Gradient Descent eu caminharei na direção do mínimo da função de erro. O learning rate é o tamanho do "passo" que eu darei.

Um valor muito baixo de learning rate fará com que o modelo demore muito tempo até chegar ao mínimo. Um valor muito alto poderá fazer o algoritmo passar do ponto mínimo (overshooting).

```
l_rate = 0.001
```

13.2.7 Otimizador

Agora é o momento de criar o meu otimizador e inicializar as variáveis:

```
otim = tf.train.GradientDescentOptimizer(l_rate).minimize(perda)
init = tf.global_variables_initializer()
```

Vou utilizar o Gradient Descent para minimizar a função de perda, usando a taxa de aprendizado que eu defini. Antes de iniciar a sessão, eu devo criar um inicializador para as variáveis que defini.

13.2.8 Epochs e o problema do mínimo local

Tudo pronto! Agora, vou criar uma sessão e rodar o treinamento. Mas antes, eu queria falar um pouco sobre "epochs". Uma "epoch" é uma rodada completa de todos os dados de treino, com os correspondentes ajustes dos pesos (variáveis). Em outros algoritmos, passamos uma vez só pelos dados de treino, mas, com redes neurais em que usamos algoritmos como o Gradient Descent, precisamos evitar o problema do "mínimo local":

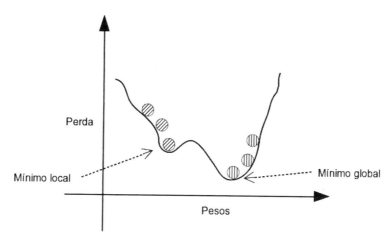

Figura 76: O problema do mínimo local

Os pesos (nossos "placeholders") são inicializados aleatoriamente. Dependendo da função de custo que estivermos utilizando, podemos chegar a um ponto de inflexão local, que não é necessariamente o mínimo da função, como na figura. Se dermos azar de começarmos pela esquerda, cairemos em um "vale" que não é o mínimo global. Se dermos sorte de começarmos pela direita, certamente chegaremos ao mínimo, ou a um valor bem próximo dele.

Então, costumamos repetir o treinamento ("epoch") um grande número de vezes, para evitar esse mínimo local. Eis o código:

```
epochs = 10000
with tf.Session() as sess:
    sess.run(init)
    print('a',sess.run(a),'b',sess.run(b))
    for epoch in range(epochs):
        sess.run(otim, feed_dict={x: X_train, y: y_train})
```

Dentro de uma sessão TensorFlow (with tf.Session) eu rodei 10000 epochs, executando uma otimização. A otimização (objeto "otim" é parte de um grafo computacional que eu defini, e que chega até o nosso modelo ("y_hat")). Para executar uma sessão, eu também preciso passar um dicionário com os valores dos placeholders que eu criei, neste caso "x" e "y". O modelo calculará as variáveis.

Ainda dentro da mesma sessão (dentro do escopo do comando "with") eu peguei os valores das variáveis "a" e "b" (utilizando execuções "run" para cada uma) e montei o modelo, para plotar os dados e desenhar a reta obtida:

```
plt.scatter(X_train, y_train)
print('a',sess.run(a),'b',sess.run(b))
plt.plot(X_train, sess.run(a) * X_train + sess.run(b),c="r")
```

Eu plotei o "x" (X_train) e o "y" (ax + b) usando a cor vermelha. Você verá uma reta passando por entre os pontos no livro, mas, se executar o Notebook, verá em cores.

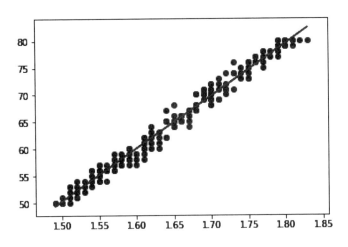

Figura 77: Reta preditiva

13.2.9 Onde estão os neurônios?

Eu disse que essa não era a maneira que usamos normalmente o TensorFlow, mas serve para ilustrar um conceito que, geralmente, não fica claro: O TensorFlow não é exatamente uma rede neural convencional, com classes representando os neurônios e as suas sinapses. A definição oficial do TensorFlow esclarece estas diferenças:

"TensorFlow is an open source software library for numerical computation using dataflow graphs. Nodes in the graph represents mathematical operations, while graph edges represent multi-dimensional data arrays (aka tensors) communicated between them. The flexible architecture allows you to deploy computation to one or more CPUs or GPUs in a desktop, server, or mobile device with a single API."

"TensorFlow é uma biblioteca open source para computação numérica utilizando grafos de fluxos de dados. Os nós no grafo representam operações matemáticas, enquanto as arestas representam vetores de dados multidimensionais (tensores) trocados entre os nós. A sua arquitetura flexível permite distribuir a computação entre uma ou mais CPUs ou GPUs, em desktops, servidores ou dispositivos móveis, utilizando uma única API."

Podemos representar neurônios como nós e podemos usar tensores para passar os estímulos, representando uma rede neural.

13.2.10 Usando o Estimator Framework

O TensorFlow possui um framework, chamado "Estimator", que facilita muito as tarefas de regressão e classificação.

No nosso mesmo Notebook, há um exemplo com este framework, que usa o mesmo algoritmo de geração de dados que mostrei quando falei de Decision Trees:

```
np.random.seed(42)
X = np.linspace(1.5,3.0,num=100)
Y = np.array([x**4 + (np.random.rand()*8.5) for x in X])
Z = np.array([(X[i]*Y[i]) + (np.random.rand()*10.2) for i in range(0,100)])

fig = plt.figure()
```

```
ax = fig.add_subplot(111, projection='3d')
ax.scatter(X, Y, Z, c='r',s=8)
ax.set_xlabel('X')
ax.set_ylabel('Y')
ax.set_zlabel('Z')
```

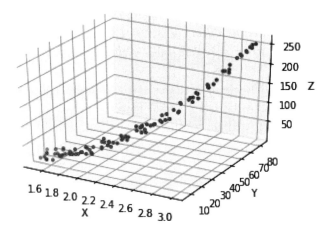

Figura 78: Dados gerados

Vamos separar os dados em treino e teste:

```
X_train, X_test, y_train, y_test = train_test_split(features, labels, test_size=0.33, random_state=42)
```

Agora, precisamos criar uma lista com as colunas das características. O TensorFlow tem várias classes para cada tipo de variável. Como nossas características são contínuas, eu usei "tf.contrib.layers.real_valued_column":

```
feature_cols = [tf.contrib.layers.real_valued_column('X'),tf.contrib.layers.real_valued_column('Z')]
```

Então, criei uma instância do DNNRegressor, informando quais são as colunas com as características e especificando uma camada de "hidden layers" com 4 nós (neurônios). Também especifiquei que o formato do meu rótulo (valor de saída) é unidimensional:

```
regressor = tf.contrib.learn.DNNRegressor(
        feature_columns=feature_cols, hidden_units=[4],label_dimension=1)
```

Para treinar o regressor e estimar valores, eu preciso de uma função especial, chamada de "input function", que retornará os placeholders para as características e os rótulos, além de outras informações:

```
input_func = tf.estimator.inputs.pandas_input_fn(X_train,y_train,batch_size=4,num_epochs=None,shuffle=True)
```

Se especificarmos "num_epochs=None", esta função repassará os dados apenas uma única vez. O parâmetro "batch_size" é a quantidade de amostras que será alimentada de cada vez. E o parâmetro "shuffle" retorna os valores dos placeholders em ordem aleatória.

Eu preciso criar uma input function para cada tipo de execução, seja ela treino, avaliação ou predição.

Agora, preciso treinar o modelo, usando o método "fit":

```
regressor.fit(input_fn=input_func,steps=1000)
```

O valor da perda no primeiro passo foi 805,233, e, no último: 4,60963, ou seja, conseguimos um bom resultado. Seus valores podem ser ligeiramente diferentes.

Agora é o momento de avaliar com os dados de teste. Para isto, crio outra *input function* especialmente para isto:

```
eval_func = tf.estimator.inputs.pandas_input_fn(X_test,y_test,batch_size=4,num_epochs=None,shuffle=True)
```

E executo a avaliação:

```
resultado = regressor.evaluate(input_fn=eval_func,steps=1)
```

Posso obter o valor da avaliação a partir da lista retornada pelo método "evaluate":

```
print('Perda',resultado['loss'])
Perda 2.16675
```

Finalmente, posso executar algumas predições. Eu vou usar os mesmos dados de teste, mas o ideal seria gerar dados novos:

```
y_hat = regressor.predict(input_fn=eval_func)
```

O resultado retornado pelo método predict é um *iterator*, logo, precisamos transformá-lo em uma lista. O método "islice", da biblioteca "itertools" pode facilitar isto:

```
preds = np.array(list(ite.islice(y_hat,int(X_test['X'].size))))
```

Finalmente, podemos plotar o resultado:

```
fig = plt.figure()
ax = ax = fig.add_subplot(111, projection='3d')
ax.scatter(X, Y, Z, c='r',s=8)
ax.scatter(X_test['X'],    preds,    X_test['Z'],    c='k',
marker='*',s=100)
ax.set_xlabel('X')
ax.set_ylabel('Y')
ax.set_zlabel('Z')
```

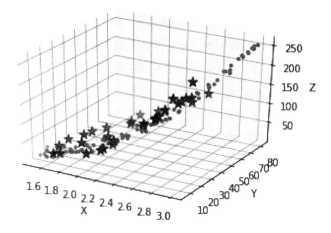

Figura 79: Resultados

O que podemos fazer para melhorar isto? Adicionar neurônios, adicionar camadas ocultas, rodar com valores de "epoch" maiores etc.

Se quisermos resolver problemas de classificação, o framework Estimator tem o DNNClassifier, cujo uso não é muito diferente.

13.3 API Keras

Keras é outra API para usar redes neurais e funciona com outros frameworks, além do TensorFlow, como: Microsoft Cognitive Toolkit (https://github.com/Microsoft/cntk) e Theano (https://github.com/Theano/Theano).

Vou demonstrar o uso da API Keras com um exemplo interessante que eu fiz para o Kaggle (http://www.kaggle.com). O Kaggle é um site dedicado ao estudo de Data Science, contendo datasets e problemas a serem resolvidos. Eles criam competições, algumas gratuitas, mas outras com prêmios.

Uma das competições para iniciantes é o caso do naufrágio do Titanic, na qual você deve prever se um passageiro sobreviveria ou não.

O meu "Kernel" (um notebook) para esta parte do livro está em:

https://www.kaggle.com/cleuton/titanic-first-trial-with-keras-tensorflow

O interessante deste problema é que os dados são muito diferentes, incluindo dados categóricos, discretos e contínuos. Há todo um processo de preparo dos dados para a análise classificatória, os qual não vou discutir em detalhes, pois já vimos isto anteriormente.

Vou mostrar como usei o Keras para fazer esta classificação binária (sobreviveu / não sobreviveu).

13.3.1 Bibliotecas

Para usar o Keras, precisamos importar algumas bibliotecas, como:

```
import keras
from keras.models import Sequential
from keras.layers import Activation, Dense
```

Primeiro, é necessário criar o modelo de camadas de nós (neurônios) que vamos usar. Um dos modelos mais simples é o "Sequential", que é simplesmente uma pilha de camadas.

Também temos o modelo de camada de neurônios que vamos usar. Eu vou usar camadas normais de redes (DNN) ou camadas totalmente conectadas.

A criação do modelo de rede neural é bem simples:

```
model = Sequential()
model.add(Dense(128, input_dim=6, kernel_initializer='normal', activation='relu'))
model.add(Dense(512, activation='relu'))
model.add(Dense(512, activation='relu'))
model.add(Dense(1, activation='sigmoid'))
model.compile(loss='binary_crossentropy', optimizer='rmsprop', metrics=['accuracy'])
model.fit(features, labels)
```

São quatro camadas, sendo que a última contém apenas uma unidade (nó ou neurônio). Cada uma pode utilizar função de ativação diferente das outras. Estou usando "ReLU" nas três primeiras, e "sigmoid" na última.

Este modelo é consistente com a tarefa que desejamos executar, que é uma classificação binária (0 ou 1). A função "sigmoid", com um só neurônio, vai retornar a probabilidade considerada, que varia entre zero e um.

Ao compilar o modelo, preciso informar a função de perda e o otimizador. Usei a "binary crossentropy", mais indicada para problemas de classificação binária, e usei o otimizador "rmsprop". Este otimizador seria mais apropriado para RNNs, mas eu experimentei e deu um resultado interessante.

No final do treino, eu cheguei a 82% de acurácia (a saída do método "fit" mostra isto). Um Interessante resultado.

Para fazer predições, é só usar o método "predict":

```
probabilities = model.predict(test, verbose=0)
```

Como eu disse, a função "sigmoid" retornará a probabilidade do passageiro ter sobrevivido, então, devemos arredondar. Se for igual ou superior a 0,5, então arredondamos para 1, senão, baixamos para zero:

```
listOfList = np.round(probabilities).astype(int).tolist()
```

CAPÍTULO 14

Big Data

Vamos mostrar uma introdução ao Big Data. Até porque este assunto sozinho é tema para um livro, e um livro bem grande. Mas você verá como criar um script de agregação com Python e Spark, de forma rápida e simples.

Este é um assunto "quente", porém pouco compreendido. Alguns pensam em Big Data como sendo um tipo de "datawarehouse", outros, pensam como um tipo de banco de dados grandão, e ainda outros pensam como mais uma biblioteca de Machine Learning. Desculpem-me, mas todos estão enganados.

A minha definição de Big Data é:

Um padrão de processamento, voltado para grandes volumes de dados, de fontes e formatos variados, com o objetivo de coletar informações em tempo real de eventos em progresso.

Há outras definições de Big Data, como a da Wikipedia:

Em tecnologia da informação, o termo Big Data refere-se a um grande conjunto de dados armazenados. Diz-se que o Big Data se baseia em 5 V's : velocidade, volume, variedade, veracidade e valor. (https://pt.wikipedia.org/wiki/Big_data)

E eu gostaria de acrescentar a visão de Martin Fowler, um dos cientistas que mais respeito atualmente:

"Big Data" has leapt rapidly into one of the most hyped terms in our industry, yet the hype should not blind people to the fact that this is a genuinely important shift about the role of data in the world. The amount, speed, and value of data sources is rapidly increasing. Data management has to change in five broad areas: extraction of data from a wider range of sources, changes to the logistics of data management with new database and integration approaches, the use of agile principles in running analytics

projects, an emphasis on techniques for data interpretation to separate signal from noise, and the importance of well-designed visualization to make that signal more comprehensible. Summing up this means we don't need big analytics projects, instead we want the new data thinking to permeate our regular work.

(https://martinfowler.com/articles/bigData/)

(*"Big Data saltou rapidamente para um dos termos mais "hype" da nossa indústria, ainda assim, a "hype" não deveria cegar as pessoas quanto ao fato de que é uma mudança importante e genuína do papel dos dados no mundo. A quantidade, velocidade e valor das fontes de dados estão aumentando rapidamente. A gestão de dados deve mudar em cinco grandes áreas: Extração dos dados de uma grande variedade de fontes, mudanças na logística da gestão de dados com novos bancos de dados e abordagens de integração, o uso de princípios ágeis em processos analíticos, ênfase em técnicas de interpretação de dados, para separar sinal de ruído, e na importância de uma bem projetada visualização, para tornar o sinal mais compreensível. Resumindo, isto significa que não necessitamos de grandes projetos analíticos, ao contrário, queremos que os novos pensamentos sobre dados permeiem nosso trabalho regular"*).

14.1 Caso de uso

Vamos começar a entender Big Data através do seu primo-irmão: Data Analytics ou Business Intelligence.

Imagine que você seja o gestor de uma empresa de comércio. Uma das coisas que precisa ter são relatórios sintéticos, que sumarizem de forma eficiente as vendas dos seus produtos, certo? Pois bem, você pede ao pessoal de TI e eles criam um sistema com uma consulta para isto.

Então, algum tempo depois, pedem que seja criada uma sumarização por região, em vez de filial. Então, depois de um orçamento, e de esperar de 3 a 6 meses, eles entregam uma versão de teste, e por aí vai… Então, você pede uma sumarização por fornecedor, e o ciclo se repete.

Para evitar estes problemas, você pode usar uma arquitetura de BI (Business Intelligence), com a criação de um Datawarehouse, composto por bancos de dados modelados dimensionalmente, para que você transforme consultas sintéticas em analíticas ou possa transpor as grandes dimensões, criando relatórios sem ter que pedir para o pessoal de TI.

Para que seu Datawarehouse funcione, é necessário um processo de ETL – Extract, Transform and Load, que extrai os dados de seus bancos originais, formata de acordo com a modelagem do datawarehouse e os carrega no ambiente analítico. Este processo pode ser executado periodicamente, mantendo sua base atualizada para consultas sobre as operações efetuadas. Assim, com base no que aconteceu, você pode planejar e fazer predições de vendas.

Vamos resumir:

- **Volume**: Você coletou dados dos seus próprios bancos, com um volume de ordem de grandeza, digamos, de alguns gigabytes;

- **Velocidade**: Estes dados representam as transações passadas, ocorridas e finalizadas até o momento da extração, tipicamente, as do dia anterior;

- **Variedade**: Estes dados são provenientes apenas dos seus próprios bancos de dados. Portanto, possuem formato e contexto próprios dos seus sistemas de aplicativos;

- **Veracidade**: Os dados vieram dos seus próprios bancos de dados, logo, se sua empresa não for uma "bagunça", você confia em sua veracidade;

- **Valor**: É claro que estes dados representam grande valor para o seu negócio, pois são suas próprias transações.

Resumimos os famosos cinco "v" do Big Data.

Agora vamos pensar um pouco... Se você consegue fazer isto com os dados de vendas passadas, não seria possível usar os dados atuais? Por exemplo, consultas no Website? O que eu poderia fazer se tivesse acesso ao que o usuário está buscando nesse momento? E se conseguisse ver o que os outros estão falando no Twitter, por exemplo? Ou na mídia? Se eu juntasse isso tudo, conseguiria criar algo como promoções relâmpago?

Agora sim, estamos entrando na área de Big Data.

Vamos supor que desejemos usar as buscas no nosso site, conjugadas com os "top trends" do Twitter e as menções na mídia, para criar ofertas relâmpago. Podemos criar uma arquitetura de Big Data e usar um processo de ELT – Extract, Load and Transform (note a sutil diferença para ETL), de modo a carregar os dados que necessitamos, de fontes diversas (nossos logs do website, nossos bancos de dados, Tweets e RSS) em um repositório especial (também conhecido como "Data Lake" ou "lago de dados"), de onde podemos executar processos de transformação ou agregação, para tirarmos a informação que desejamos, ou seja, quais seriam as promoções relâmpago mais efetivas naquele momento.

Resumindo:

- **Volume**: Coletaremos um grande volume de dados, provavelmente na casa dos Terabytes;

- **Velocidade**: São dados bastante atuais, muito próximos do "tempo real";

- **Variedade**: Possuem origens e formatos distintos, são desestruturados (tweets) ou possuem estrutura diferente (logs);

- **Veracidade**: Os dados representam um determinado instante no tempo, que certamente mudará rapidamente. Eles representam a verdade instantânea, e, como são muito variados, precisamos nos certificar de coletar os dados com bastante acurácia;

- **Valor**: Os dados apresentam valor decrescente com o tempo. Quanto mais atuais, maior o seu valor. E, quanto mais diversos, maior o valor referencial para nós e para nossa concorrência.

Comparando este resumo com o anterior, temos a principal diferença de um processo de Big Data para um processo de BI, e mais: Explicamos os conceitos na prática.

14.2 Ambiente de Big Data

Temos dados variados, em tempo real e em grande volume. Processá-los é uma tarefa pesada. Não podemos simplesmente convertê-los para um formato compatível e inseri-los em um banco de dados. Até terminarmos de fazer isto, já perderam grande parte de seu valor.

Guardar dados usados em análises de Big Data é como guardar papel higiênico usado (desculpem a comparação escatológica): Representam algo que já passou! Desperdiçar terabytes preciosos com isto é impedir que possamos repetir nossas análises.

Precisamos de um sistema de arquivos eficiente e distribuído, pois teremos um grande volume de dados a analisar e temos que minimizar a latência de sua transferência. Também precisamos de uma enorme capacidade instantânea de processamento, algo que possamos alocar e desalocar rapidamente.

14.2.1 Hadoop

O Hadoop (http://hadoop.apache.org) foi um dos primeiros softwares voltados para processamento de Big Data, implementando o algoritmo "map / reduce", criado por Jeffrey Dean e Sanjay Ghemawat, ambos da Google.

O algoritmo de Map/Reduce foi pensado para ser utilizado em clusters de computadores, logo, é um algoritmo para processamento distribuído. Podemos resumir o Map/Reduce assim:

1. Os dados são distribuídos em vários pedaços;
2. Um nó de processamento começa a processar seu pedaço dos dados;
3. A função "map", rodando em um dos nós, associa cada valor a uma "chave";
4. Os dados associados a uma mesma "chave" são distribuídos a um mesmo nó;
5. Cada nó processa a função "reduce" de acordo com a chave, gerando

agregações.

A ilustração a seguir exemplifica o processo de gerar uma lista de "trend topics" a partir dos tweets mais recentes:

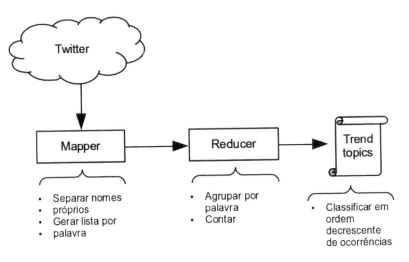

Figura 80: Map/Reduce de tweets

Fazemos um processo de ELT para extrair tweets mais recentes, depois, criamos uma função "mapper" que separa os nomes próprios das outras palavras, afinal, queremos os "trend topics" e não uma lista de palavras mais populares. Então, uma lista com cada palavra é criada.

O reducer lerá a lista e agrupará por palavra. Finalmente, classificamos em ordem decrescente de contagem e pronto: Uma lista com *trend topics* usando Big Data.

O Hadoop é composto por três serviços: HDFS e YARN e Hadoop Mapreduce. O HDFS é um sistema de arquivos distribuído com redundância, criado especificamente para alto desempenho em máquinas baratas. E o YARN é um gerenciador de tarefas distribuídas, capaz de trabalhar com federações de clusters de máquinas de baixo custo. Finalmente, temos o framework Hadoop Mapreduce, que funciona em conjunto com o HDFS e o YARN, para processar jobs usando esta tecnologia.

Podemos programar clientes de MapReduce para o Hadoop usando Java.

14.2.1 Spark

O Spark (https://spark.apache.org/) é um framework de computação de Big Data em cluster, mais moderno e mais veloz que o Hadoop. O Spark tem API para as seguintes linguagens de programação:

- Scala;
- Java;
- Python;
- R.

O Spark pode ser utilizado com softwares de gestão de clusters, como o Apache YARN, ou o Apache MESOS, ou pode ser executado sozinho, pois já possui um sistema de cluster próprio.

Ele pode ser utilizado sobre instalação de Hadoop / YARN de maneira simples e rápida.

14.2.2 Index / Search engines

Finalmente, outro ambiente típico de Big Data pode ser implementado em uma arquitetura de Index / Search engines baseada em Apache Lucene (https://lucene.apache.org/), como o ElasticSearch (http://www.elastic.co/products/elasticsearch) ou o Apache SolR (http://lucene.apache.org/solr/).

Eles funcionam de maneira diferente dos softwares de Big Data, criando índices para os dados, com os quais podemos trabalhar e analisar muito rapidamente os eventos. São as bases de sistemas CEP – Complex Event Processing, que analisam correntes de dados identificando eventos.

14.2.3 Acessórios

Para o trabalho de ELT (Extract, Load, and Transform) e para manipulação de dados, existem diversas ferramentas acessórias que você deve ouvir falar, quando o assunto for Big Data: Hive, LogStash, Apache Flume e outros. Vamos ver um breve resumo do que são esses acessórios e o que fazem:

- Apache **Hive**: Facilita a consulta de grandes volumes de dados, tratando-os como se fossem tabelas de bancos de dados. Permite usar uma linguagem SQL-Like para manipular grandes volumes de dados e até executar jobs de MapReduce;

- Apache **Flume**: É um utilitário para coletar e transferir grandes volumes de dados de / para HDFS ou vários outros tipos de armazenamento, incluindo bancos de dados;

- **LogStash**: Pode transferir dados de uma grande variedade de fontes para outra grande variedade de destinos, como: HDFS, ElasticSearch e muitos outros.

14.3 Experiências práticas

Tive várias experiências com Big Data, e algumas eu tenho liberdade de comentar e escrever, pois são públicas. Vou relatar aqui dois casos de uso práticos: Um baseado em ferramenta distribuída própria (Servkeeper: https://github.com/cleuton/servkeeper) e outra utilizando o Hadoop em um cluster Elastic MapReduce, da Amazon.

14.3.1 DCEP de saúde

Um CEP é um sistema de processamento de eventos, que analisa correntes de dados buscando padrões que indicam a ocorrência de eventos. Um DCEP é um sistema CEP distribuído.

Há algum tempo eu desenvolvi um sistema para detecção de zoonoses, como: Dengue, Zika e Chikungunya. A ideia era criar um sistema de detecção de eventos destas doenças, com geolocalização, permitindo maior eficiência nas medidas de profilaxia destas doenças tão impactantes.

Este sistema precisaria ser executado em qualquer tipo de plataforma, e ser capaz de escalar de maneira transparente, para aguentar um grande fluxo de dados.

Ele deveria combinar sintomas simples, como: Dor de cabeça, diarreia, equimoses etc, para apontar a probabilidade de ocorrência de casos por região da cidade. Isto ajudaria a direcionar os esforços de profilaxia, como: Fumacês e inspeções de saúde nestas regiões, além de aumentar a disponibilidade de material para exames, de pessoal e de medicamentos.

Optou-se por não utilizar um software específico, como o Hadoop, por causa da baixa disponibilidade de equipamentos, então um software específico de gestão de serviços distribuído foi criado com este propósito: O Servkeeper, baseado em Docker, Apache Zookeeper e Jenkins.

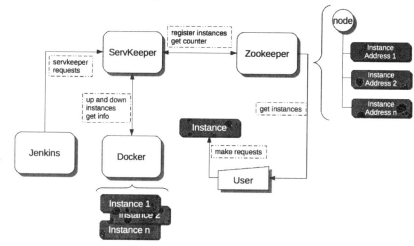

Figura 81: Arquitetura do Servkeeper

O Servkeeper é mais que um agendador de jobs, sendo um curador de instâncias de microsserviços, construídos a partir do repositório (entrega contínua) e monitorados constantemente, sendo capaz de promover escalabilidade elástica em ambientes de baixo custo.

O DCEP em si é baseado em microsserviços e pode ser baixado diretamente do Github: https://github.com/cleuton/DCEPsaude/tree/master/saude/src/main/java/org/conserpro2015/saude. Foi desenvolvido em Java usando REST e

Dropwizard, para economizar os recursos gastos em Servidor de Aplicação Java.

O Sistema usa o MongoDB para agregar dados e executar jobs de MapReduce para obter informações em tempo real sobre os sintomas da doença.

A ilustração seguinte mostra o funcionamento do DCEP:

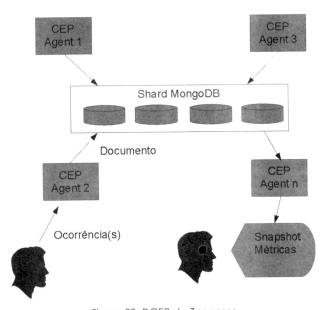

Figura 82: DCEP de Zoonoses

Várias instâncias são executadas em paralelo, e o componente Zookeeper, do Servkeeper, distribui a carga de trabalho entre elas. Existem rotas REST para informar sintomas e para consultar relatórios e gráficos de ocorrências de sintomas.

Os médicos poderiam utilizar um cliente Mobile para informar os sintomas e qualquer um poderia consultar os gráficos via web.

A seguir, vemos um gráfico do DCEP, mostrando a agregação de sintomas de todas as regiões:

CAPÍTULO 14 Big Data • 227

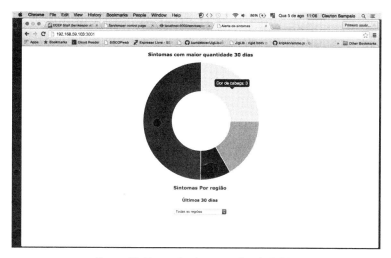

Figura 83: Exemplo de consulta do DCEP

O sistema foi testado com milhares de transações simultâneas, escalando corretamente e fornecendo os resultados mesmo sobre grande pressão.

Este projeto ganhou um prêmio no Congresso Serpro de Tecnologia e Gestão (Conserpro) em 2015.

Como pode ver, Big Data não é sinônimo apenas de Hadoop, como muita gente pensa, mas de um padrão de processamento, para o qual podemos utilizar várias ferramentas diferentes.

14.3.2 Análise de sentimentos de Tweets

Em 2015, aconteceu o aniversário de 450 anos da fundação do Rio de Janeiro. Havia um clima de grande agitação política e insatisfação social, e eu queria saber como isso afetava o sentimento das pessoas quanto ao aniversário da Cidade. Na verdade, era um estudo interessante, que poderia gerar *"insights"* sobre comercialização de produtos com esta marca.

Escolhi o Twitter como minha fonte de dados. As pessoas criam Tweets com vários assuntos, e, como não poderia deixar de acontecer, estavam falando sobre o aniversário de 450 anos da Cidade. Eu queria saber como elas estavam se sentido, se este assunto provocaria mais respostas positivas, negativas ou neutras.

Bem, eu tinha alguns problemas a resolver... Para começar, eu precisava coletar os Tweets relevantes, ou seja, aqueles que contivessem "rio" e "450". Esse problema foi simples de resolver, pois utilizei o projeto Hosebird Client (https://github.com/twitter/hbc) que já faz isto por mim.

Agora, restou um problema: Como avaliar o sentimento dos tweets? Uma das maneiras seria criar uma RNN, como já vimos, e fazer uma análise NLP (Natural Language Processing). Porém, isto complicaria muito o trabalho.

Procurando bastante, encontrei um recurso interessante: SentiWordNet, uma tabela para cálculo de sentimentos, com base em palavras em Inglês. Isso resolvia o problema.

Restou um terceiro problema: Os tweets que me interessavam eram em Português... E agora? Bem, resolvi usar a Google Translate API, um serviço de tradução da Google que pode ser utilizado em Batch. Então, criei um projeto para obter o tweet e traduzir para o Inglês: TwitterParser (https://github.com/cleuton/bigdatasample/tree/master/twitterparser).

Resolvidos os problemas, agora é uma questão de criar um mapper que leia os tweets traduzidos e calcule o sentimento do texto. Esta classe pode ser vista em TokenizerMapper (https://github.com/cleuton/bigdatasample/blob/master/sentimentanalysis/src/main/java/com/obomprogramador/bigdata/sentiment/sentimentanalysis/TokenizerMapper.java)

E uma classe para reduzir os dados, agrupando por sentimento: IntSumReducer (https://github.com/cleuton/bigdatasample/blob/master/sentimentanalysis/src/main/java/com/obomprogramador/bigdata/sentiment/sentimentanalysis/IntSumReducer.java)

E, finalmente, uma classe para o Job MapReduce inteiro: Sentiment (https://github.com/cleuton/bigdatasample/blob/master/sentimentanalysis/src/main/java/com/obomprogramador/bigdata/sentiment/sentimentanalysis/Sentiment.java)

Criei um Jar com essas classes e usei o serviço Elastic MapReduce, do AWS, para processar o job. Devido às várias vezes que executei, acabei gastando um pouco mais do que esperava (cerca de US$ 35,00), mas consegui o resultado:

- VERY_POSITIVE 1.870
- VERY_NEGATIVE 545
- NEUTRAL 3.650
- POSITIVE 630
- NEGATIVE 320

Se você quiser mais detalhes, há um post completo do meu Blog, O Bom Programador, sobre o assunto: http://www.obomprogramador.com/2015/03/tutorial-de-big-data-analise-de.html

14.4 Usando o Spark

Muito bem, agora chegou o momento de usarmos uma ferramenta de Big Data e realizar uma análise. E vamos usar o Spark com a linguagem Python!

Vamos ver como usar o Spark para criar jobs de análise de Big Data de maneira simples e prática. Você terá que instalar o Spark, mas isto não é trabalho algum. Para evitar custos, vamos executar localmente, em sua máquina, com um conjunto reduzido de dados. Mas o processo para executar em nuvem é bem simples.

14.4.1 Dados climáticos

Eu participo de um projeto de sustentabilidade chamado "Kuaray" (http://kuaray.org), que significa "Sol", em Tupi-guarani. O objetivo deste projeto é medir o impacto dos gases de efeito estufa, de maneira independente, nos fornecendo um dataset atualizado para estudos sobre o aquecimento global.

O projeto Kuaray criou um modelo de sensor, movido à energia solar, capaz de coletar dados climáticos 24 x 7 e transmitir para um "broker" MTQQ. É um projeto de IoT associado a Big Data.

A seguir, uma figura ilustrativa da arquitetura do projeto Kuaray:

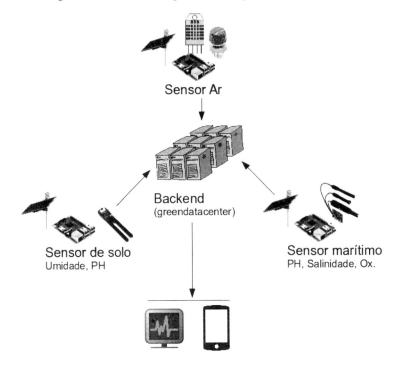

Figura 84: Arquitetura dos sensores Kuaray

Tanto os sensores como o Greendatacenter são movidos à energia solar.

A necessidade aqui será coletar os dados enviados por todos os sensores e gerar várias estatísticas. Para começar, vamos gerar uma agregação por região, mostrando a estatística dos dados coletados.

Na pasta do repositório (book/capt14/medicoes.csv) há um dataset com uma pequena amostra dos dados dos sensores, e vamos usar o Spark para processá-los.

14.4.2 Instalação do Spark

A instalação do Spark é um pouco mais complexa, logo, vamos devagar.

1. Primeiramente, certifique-se que você tenha instalado a linguagem Java, na versão JDK (Java Development Kit):

    1. Abra um Terminal Linux ou Prompt de comandos;
    2. Digite "javac -version";
    3. Se houver algum erro, tipo "comando não encontrado", então você precisa instalar o Java JDK;
    4. Caso contrário, pule a etapa 2;

5. Baixe o Java JDK 8.x (eu não testei com a versão 9). Se tiver problemas na instalação do Java, siga estes passos: https://www.devmedia.com.br/instalacao-e-configuracao-do-pacote-java-jdk/23749;

6. Agora, baixe um arquivo binário do Apache Spark: https://spark.apache.org/downloads.html; Escolha um executável já com o Hadoop junto.

O arquivo do Spark que você baixou já é pré-compilado e pronto para usar. Podemos utilizá-lo imediatamente. Basta descompactar o arquivo "tgz" que você baixou, abrir uma janela Terminal (ou prompt de comandos) e ativar seu ambiente virtual. Então, navegue para a pasta "bin" da instalação do Spark e execute o comando: "./pyspark".

Se tudo deu certo, a saída no Terminal será mais ou menos assim:

```
$ cd ~/spark-2.2.0-bin-hadoop2.7/
$ cd bin
$ source activate datascience
(datascience) $ ls
beeline              load-spark-env.sh    run-example          spark-
class.cmd    spark-shell         spark-submit
beeline.cmd          pyspark              run-example.cmd      sparkR
spark-shell2.cmd    spark-submit2.cmd
find-spark-home      pyspark2.cmd         spark-class          sparkR2.
cmd          spark-shell.cmd     spark-submit.cmd
load-spark-env.cmd   pyspark.cmd          spark-class2.cmd     sparkR.
cmd          spark-sql
```

```
(datascience) $ ./pyspark

Python 3.6.2 |Continuum Analytics, Inc.| (default, Jul 20 2017,
13:51:32)
[GCC 4.4.7 20120313 (Red Hat 4.4.7-1)] on linux
Type  "help",  "copyright",  "credits"  or  "license"  for  more
information.
Setting default log level to "WARN".
To adjust logging level use sc.setLogLevel(newLevel). For SparkR,
use setLogLevel(newLevel).
17/11/28 07:37:38 WARN NativeCodeLoader: Unable to load native-
hadoop library for your platform... using builtin-java classes
where applicable
17/11/28 07:37:38 WARN Utils: Set SPARK_LOCAL_IP if you need to
bind to another address
17/11/28 07:37:57 WARN ObjectStore: Version information not
found in metastore. hive.metastore.schema.verification is not
enabled so recording the schema version 1.2.0
17/11/28 07:37:58 WARN ObjectStore: Failed to get database
default, returning NoSuchObjectException
17/11/28 07:38:00 WARN ObjectStore: Failed to get database
global_temp, returning NoSuchObjectException
Welcome to
      ____              __
     / __/__  ___ _____/ /__
    _\ \/ _ \/ _ `/ __/  '_/
   /__ / .__/\_,_/_/ /_/\_\   version 2.2.0
      /_/

Using Python version 3.6.2 (default, Jul 20 2017 13:51:32)
SparkSession available as 'spark'.
>>>
```

Ele abrirá um "prompt" de comandos Python para você. Note que estamos usando o Python 3.6.x, do nosso ambiente virtual. Vamos testar a instalação com um pequeno exemplo em Python:

```
>>> sc.parallelize(range(1000)).count()
1000
```

Nós o mandamos contar até 1.000. Isso comprova que está tudo instalado e funcionando.

14.4.3 O dataset

O dataset que vamos usar é uma amostra de apenas dois sensores, com poucos dados, já que vamos executar o Spark em apenas uma máquina. O Layout das informações é assim:

- id: Texto;
- date: Data/Hora formato ISO;
- humidity: Real, umidade do ar;
- latitude: Real;
- longitude: Real;
- nodeName: Texto;
- quality: Real, indicador de GHG na atmosfera;
- temperature: Real.

O que desejamos é agregar os dados por localização. Para isto, vamos usar a latitude e longitude. Vamos agregar os valores de qualidade do ar (quality) por localização. Para isto, vamos criar uma chave composta com latitude e longitude, contar os registros e somar os valores de qualidade do ar, e depois dividir a soma pela contagem.

14.4.4 Primeiro programa

Dentro do nosso repositório (veja o capítulo de introdução) há um código Python para executarmos com o Spark: "book/capt14/spark_avg1.py", além do dataset de medições ("medicoes.csv").

Note que não é um Notebook Jupyter, mas um script Python autônomo. Vamos executá-lo usando um comando do Spark. Antes de qualquer coisa, vejamos o código-fonte:

```python
from pyspark import SparkConf, SparkContext

import sys

APP_NAME = " Agrega indicador de GHG "

def parseLine(line):
    fields = line.split(',')
    regiao = repr(fields[3]) + repr(fields[4])
    valor = float(fields[6])
    return (regiao, valor)

def main(sc,arquivo):
   lines = sc.textFile(arquivo)
   filterDD = lines.filter(lambda l: not l.startswith('id'))
   campos = filterDD.map(parseLine)
   medias = campos \
        .mapValues(lambda valor: (valor, 1)) \
        .reduceByKey(lambda x,y: (x[0]+y[0], x[1]+y[1])) \
        .mapValues(lambda v: v[0]/v[1]) \
        .collect()
   for result in medias:
       print(result)

if __name__ == "__main__":
   conf = SparkConf().setAppName(APP_NAME)
   conf = conf.setMaster("local[*]")
   sc   = SparkContext(conf=conf)
   filename = sys.argv[1]
   main(sc, filename)
```

O programa tem alguns grandes blocos. Para começar, gostaria de chamar sua atenção para a linha que inicia por "*if __name__ == "__main__"*". Esta linha separa o código imediato do código das funções.

Se um script Python for executado, ele começará a executar as linhas imediatas. Porém, pode ser que queiramos usar o script como uma biblioteca, compartilhando código, logo, não queremos que as linhas imediatas sejam executadas. Este comando "if" só executa as linhas de comandos imediatos se o programa estiver sendo invocado diretamente como programa principal, e não sendo importado por outros programas.

O pacote "pyspark" contém as classes necessárias para trabalharmos com Spark na linguagem Python: SparkConf e SparkContext. Vamos analisar a estrutura geral do código:

1 – Inicialização do código:

No bloco final do programa, dentro do *"if __name__ == "__main__"* temos o código que inicializa o Spark, criando uma instância de SparkConf. Esta instância serve para configurarmos o uso do Spark, passando, entre outras coisas, o nome da aplicação e quem será o nó "master" do Spark. Se estivermos executando em Cluster, informamos a URL do nó Master no método "setMaster". Se estivermos executando local (é o nosso caso), especificamos apenas "local". Entre colchetes, especificamos o número de threads a serem utilizados. Um asterisco significa: Tudo, inclusive GPU.

Finalmente, criamos uma instância de "SparkContext". Todos os métodos da API devem ser invocados a partir dela.

E pegamos o nome do arquivo do primeiro argumento passado ao programa, e invocamos a função "main".

2 – Execução da tarefa:

A função "main" recebe o nome do arquivo e executa a tarefa. Basicamente, ela:

a) Lê o arquivo;
b) Despreza a linha de cabeçalho;
c) Mapeia os campos do CSV em variáveis, através da função "parseline", que retorna a "chave" (região) e o valor;

d) Conta os registros, soma as medições;
e) Calcula as médias por região e exibe.

Vamos executar esse programa!

Abra um Terminal ou prompt de comandos. Vá para a pasta "bin" dentro da pasta do Spark. Digite o comando "spark-submit":

```
spark-submit /[path]/spark_avg1.py /[path]/medicoes.csv
```

Note que "/[path]" é o caminho onde você baixou o código-fonte e o arquivo de medições.

O Spark é muito verboso, e vai "vomitar" muita coisa na tela. Você pode controlar o nível de "log" no arquivo "log4j.properties" (renomeie "log4j.properties.template" e altere o nível de log).

No meio da verborragia do Spark, você verá o resultado do nosso "print":

```
("'-22.9222276''-43.2428463'", 102.07051282051283)
("'-22.9148359''-43.2291778'", 120.62433022720697)
```

Aí está a média de medições de qualidade do ar por região!

14.4.5 RDD

A unidade básica do Spark é o RDD ou "Resilient Distributed Dataset" ou Dataset resiliente distribuído. É um dataset dinâmico e distribuído, que reside no Cluster onde o Spark está sendo executado. Usamos métodos sobre os RDD's para mapear e agregar dados, e as operações são todas executadas no Cluster onde o Spark está sendo executado, sendo distribuído pelos vários processadores das várias máquinas, de maneira eficiente e transparente.

Nós podemos criar RDD's lendo arquivos texto, como fizemos na função "main":

```
lines = sc.textFile(arquivo)
```

A variável "lines" é uma instância de RDD criada a partir do arquivo texto que informamos. Ou podemos criar RDD's a partir de listas:

```
lista = [10.4, 56.2, 76.5]
rdd1 = sc.paralellize(lista)
```

Uma vez que a lista tenha sido paralelizada, pode ser aberta e processada em paralelo, por outros Threds do Spark. Virou basicamente um RDD.

E podemos criar RDDs como resultado de comandos executados sobre outros RDDs, por exemplo, na função "main" fazemos isso:

```
filterDD = lines.filter(lambda l: not l.startswith('id'))
campos = filterDD.map(parseLine)
medias = campos \
    .mapValues(lambda valor: (valor, 1)) \
    .reduceByKey(lambda x,y: (x[0]+y[0], x[1]+y[1])) \
    .mapValues(lambda v: v[0]/v[1]) \
    .collect()
```

As variáveis "filterDD", "campos" e "medias" são RDDs criados a partir de operações sobre outros RDD's ("filter", "map", "mapValues" etc).

14.4.6 Cluster

Antes de continuarmos, você precisa entender como o Spark funciona. O seu programa principal é chamado de "Driver program", pois ele controla a execução da tarefa. E ele será executado em um determinado nó do cluster. Toda vez que ele inicia uma operação com um RDD ("map", "reduce" etc) ela poderá ser encaminhada a um dos outros nós do cluster.

Podemos compartilhar RDDs e variáveis entre os vários nós do cluster.

Se quisermos imprimir alguma coisa, precisamos ter certeza de que a saída será na *stdout* (console) onde o "Driver program" está sendo executado. Por isso é que, ao final do processamento, usamos o método "collect()" no RDD que queremos listar:

```
medias = campos \
    .mapValues(lambda valor: (valor, 1)) \
    .reduceByKey(lambda x,y: (x[0]+y[0], x[1]+y[1])) \
    .mapValues(lambda v: v[0]/v[1]) \
    .collect()
```

Isto faz com que a saída seja sempre enviada ao nó que está executando o "Driver program", e não em um nó "slave".

14.4.7 Algoritmo no Spark

Sabe o que precisamos fazer, não? Temos que ler o arquivo, separar em chave e valor, acumular os valores, contar os registros e, ao final, calcular a média, dividindo a soma dos valores pela contagem dos registros.

Como fazer isso no Spark? Simples! Através de operações de "map" e "reduce"!

Primeiramente, temos que remover o primeiro registro do RDD, pois ele contém o cabeçalho dos campos. O Spark não é tão inteligente quanto o Pandas, para entender a linha de cabeçalho. Então, criamos um RDD temporário filtrando este registro:

```
filterDD = lines.filter(lambda l: not l.startswith('id'))
```

O método "filter" faz exatamente isto: Filtra os registros de um RDD, retornando apenas aqueles que selecionamos. Para isto, usamos uma função "lambda" que despreza todas as linhas que começam com: 'id', que é o primeiro cabeçalho.

Depois, para processarmos uma agregação em cima do valor, precisamos mapear os registros para um RDD composto por dois campos: chave e valor, no nosso caso, "regiao" e "valor":

```
campos = filterDD.map(parseLine)
```

A função "parseLine" separa os campos por vírgula, junta a latitude com a longitude em um formato texto (a função "repr" transforma número real em texto), pega o valor da medição de qualidade do ar, e gera um par de chave e valor. Ela será utilizada pelo método "map" para mapear os dados.

A saída será uma lista com um texto (a identificação da região) e um valor (a medição). Porém, os dados estão repetidos. Precisamos agrupá-los por região.

Antes de olhar o comando, vamos pensar um pouco... Precisamos CONTAR os registros e SOMAR os valores. Se tivéssemos uma estrutura assim:

"região", <valor>, 1

Bastaria somar o "<valor>" e o "1" para termos a contagem e a soma por região, certo? Suponha esses dados:

```
"-22.9222276,-43.2428463", 50, 1
"-22.9222276,-43.2428463", 20, 1
"-22.9222276,-43.2428463", 30, 1
```

Bastaria somar os campos:

- Valor da região = 50 + 20 + 30 = 100
- Contagem da região = 1 + 1 + 1 = 3

Então, bastaria dividir a soma dos valores pela contagem para obter a média da região! Acredite ou não, é assim que trabalhamos com Spark! Agora, vamos ao comando:

```
medias = campos \
    .mapValues(lambda valor: (valor, 1)) \
    .reduceByKey(lambda x,y: (x[0]+y[0], x[1]+y[1])) \
    .mapValues(lambda v: v[0]/v[1]) \
    .collect()
```

Na verdade, rodamos vários métodos (4) encadeados. Vamos ver o primeiro: "mapValues". Este método é diferente do "map", pois ele não muda a "chave" do registro. Apenas passa o "valor" pela função *lambda* dentro do método. O que estamos fazendo neste primeiro método? Transformando o valor do tipo real para o tipo "tupla". O valor será uma tupla cuja primeira posição (índice zero) é o valor, e a segunda (índice 1) é o número 1.

```
medias = campos \
    .mapValues(lambda valor: (valor, 1)) \
    .reduceByKey(lambda x,y: (x[0]+y[0], x[1]+y[1])) \
    .mapValues(lambda v: v[0]/v[1]) \
    .collect()
```

Agora, vamos ao segundo método "reduceByKey". É fácil entender o que ele faz, não? Ele reduz a quantidade de registros, agregando-os de acordo com a chave, que, no nosso caso, é a região. Como ele agrega? De acordo com a *lambda* que passamos como parâmetro.

O "reduceByKey" sempre passa para a função *lambda* dois valores, para que possamos especificar o que deve ser feito para combiná-los. Você pode chamá-los do que quiser ("atual" e "futuro", "x" e "y" etc). Pense neles como o valor agregado até agora ("x") e o valor do registro atual ("y"). Lembra-se que nosso "valor" é uma tupla? Algo assim: (50, 1)?

Precisamos somar os dois valores, logo, nossa *lambda* faz exatamente isso: soma os valores e depois soma os números "1", efetivamente contando os registros.

Bem, feito isso, agora é só calcular a média, dividindo a soma dos valores pela contagem dos registros. Podemos encadear outro "mapValues" para fazer isso sem alterar as chaves:

```
medias = campos \
    .mapValues(lambda valor: (valor, 1)) \
    .reduceByKey(lambda x,y: (x[0]+y[0], x[1]+y[1])) \
    .mapValues(lambda v: v[0]/v[1]) \
    .collect()
```

Nossa *lambda* divide cada valor da tupla, transformando o resultado em uma só variável, que será a média de cada região. Daí, o nosso resultado:

```
("'-22.9222276''-43.2428463'", 102.07051282051283)
("'-22.9148359''-43.2291778'", 120.62433022720697)
```

14.4.8 Outras operações

Podemos fazer diversos tipos de operações com os RDDs, como "countByKey()" que conta os registros por chave.

E podemos usar outra interface, como o Spark-SQL, que talvez seja mais interessante, dependendo do seu caso.

Vou mostrar o mesmo exemplo anterior, agora usando o framework Spark-SQL:

```
from pyspark.sql import SparkSession
from pyspark.sql import Row
import sys

sc = SparkSession.builder.appName("avgsql").getOrCreate()

entrada = sc.sparkContext.textFile(sys.argv[1])
filterDD = entrada.filter(lambda l: not l.startswith('id'))

arquivo = filterDD.map(lambda l: l.split(","))
colunas = arquivo.map(lambda p: Row(
    regiao=repr(p[3]) + repr(p[4]),
    valor=float(p[6])
    )
)

df = sc.createDataFrame(colunas)
df.registerTempTable("medicoes")
```

```
medias = sc.sql("SELECT regiao, avg(valor) as media FROM medicoes
group by regiao")
medias.show()
```

O resultado foi exatamente o mesmo:

```
+--------------------+------------------+
|              regiao|             media|
+--------------------+------------------+
|'-22.9222276''-43...|102.07051282051283|
|'-22.9148359''-43...|120.62433022706970|
+--------------------+------------------+
```

A maneira de criar o "SparkContext" muda um pouco:

```
sc = SparkSession.builder.appName("avgsql").getOrCreate()
```

Eu tive que criar o esquema da tabela "medicoes" usando a classe "Row", do pyspark.sql:

```
colunas = arquivo.map(lambda p: Row(
    regiao=repr(p[3]) + repr(p[4]),
    valor=float(p[6])
    )
)
```

Criei e registrei uma tabela com esse esquema:

```
df = sc.createDataFrame(colunas)
df.registerTempTable("medicoes")
```

E, a partir daí, posso executar comandos usando a sintaxe SQL do Spark:

```
medias = sc.sql("SELECT regiao, avg(valor) as media FROM medicoes
group by regiao")
```

Legal, não é? O bom e velho SQL SELECT / GROUPBY! Nada mais de usar um monte de "map" e "reduce" e nem de ficar criando campos com literal "1".

Este exemplo está na mesma pasta: "spark_sql.py", e é executado da mesma maneira que o outro.

Impressão e acabamento
Gráfica da Editora Ciência Moderna Ltda.
Tel: (21) 2201-6662